W0409694

Priv.-Doz. Dr. Karin B. Schnebel
Corinna Wagner

Jetzt rede ich!

Was jungen Menschen die Demokratie wert ist

Schneider Verlag Hohengehren GmbH

Umschlag und Illustrationen:
Vasiliki Mitropoulou, Illustration & Grafikdesign,
markundmieze.de

Gedruckt auf umweltfreundlichem Papier (chlor- und säurefrei hergestellt).

Bibliografische Information der Deutschen Nationalbibliothek

Die Deutsche Nationalbibliothek verzeichnet diese Publikation in der Deutschen Nationalbibliografie; detaillierte bibliografische Daten sind im Internet über ›http://dnb.dnb.de‹ abrufbar.

ISBN: 978-3-8340-2239-4

Schneider Verlag Hohengehren, Wilhelmstr. 13,
D-73666 Baltmannsweiler
www.paedagogik.de

Das Werk und seine Teile sind urheberrechtlich geschützt. Jede Verwertung in anderen als den gesetzlich zugelassenen Fällen bedarf der vorherigen schriftlichen Einwilligung des Verlages. Hinweis zu § 52 a UrhG: Weder das Werk noch seine Teile dürfen ohne vorherige schriftliche Einwilligung des Verlages öffentlich zugänglich gemacht werden. Dies gilt auch bei einer entsprechenden Nutzung für Unterrichtszwecke!

© Schneider Verlag Hohengehren, 73666 Baltmannsweiler 2023
Printed in Germany – Druck: Format Druck GmbH, Stuttgart

Inhaltsverzeichnis

Dr. ANDREA TAUBENBÖCK und MAX SCHMIDT

Vorwort

„Demokratie und Freiheit sind nicht bloß Worte, sondern lebensgestaltende Werte.“
(Theodor Heuss)

Dieses Buch setzt sich mit dem Wertebewusstsein und Demokratieverständnis junger Menschen auseinander. Die repräsentative Studie, die die Unternehmensberatung für strategische Kommunikation Brunswick Group Ende 2021 pro bono für die Stiftung Wertebündnis Bayern erstellt hat, tut das auch. Die Ergebnisse haben es in sich und verdienen, dass man sich vertieft mit ihnen beschäftigt (siehe: www.wertebuendnis-bayern.de).
Deshalb kommt dieses Buch wie gerufen, denn es ergänzt die empirischen Ergebnisse der Umfrage unter 805 jungen Menschen zwischen 16 und 26 Jahren in ganz Bayern durch qualitative Interviews mit 25 Jugendlichen zwischen 15 und 24 Jahren und mit unterschiedlichen Bildungshintergründen. Diese qualitative Stichprobenanalyse hilft bei der Reflexion und Interpretation der Ergebnisse, indem hinterfragt, nachgehakt und tiefer geschürft wird. Empirische Daten beeindrucken einerseits durch Zahlen und Fakten, die repräsentativ sind. Andererseits bleiben immer Interpretationsspielräume, was die Erklärung und die Hintergründe bestimmter Ergebnisse betrifft. Um hier eine qualifizierte Einordnung vornehmen zu können, ist es zielführend, die junge Zielgruppe selbst zu befragen und um Erklärungsansätze zu bitten.

So stimmt es durchaus nachdenklich, dass zwischen der ersten Erhebung aus dem Jahr 2018 und der zweiten Befragung, die Ende 2021 durchgeführt wurde, das Vertrauen in Staat und Gesellschaft um 25 % und das Vertrauen in unsere Demokratie um 23,2 % zurückgegangen ist. Ob Ende 2021 die durch Corona bedingte negative Stimmungslage in breiten Teilen der Gesellschaft vielleicht noch eine Rolle gespielt und zu diesen alarmierenden Ergebnissen beigetragen hat, kann man aufgrund der Datenlage und der Tatsache, dass insbesondere junge Menschen enorme Einschränkungen sowohl in der Schule als auch in ihrem Freizeitverhalten hinnehmen mussten, nur vermuten. Die vorliegende qualitative Stichprobenanalyse kann hier unterstützende Argumente und differenzierende Einsichten liefern.

Tauchen Sie ein in die Perspektiven junger Menschen und ihre Einstellungen zu unserer Demokratie! Durch die Vielfalt der angesprochenen thematischen Facetten – von Antisemitismus bis Migration, von Engagement bis Gerechtigkeitsvorstellungen, von repräsentativer beziehungsweise direkter Demokratie bis hin zu Parteien – ergibt sich ein durchaus differenziertes und anschauliches Bild.

Um unsere liberale Demokratie zukunftsfähig zu machen, müssen wir junge Menschen hören und in den Meinungsbildungsprozess mit einbeziehen, denn – um es mit dem ehemaligen Bundespräsidenten Horst Köhler zu sagen: „Demokratie, das sind wir alle. Jeder soll erfahren, dass es auf ihn ankommt.“

Danksagung

Hiermit danken wir allen Jugendlichen, die bereit waren, sich mit Corinna Wagner auf die Befragung einzulassen. Wir danken für das Engagement der vielen Personen, die dieses Projekt unterstützt haben.

Nicht immer war es leicht, junge Menschen unterschiedlicher Altersklassen, Geschlecht, Schultypen, Religions- oder Kulturzugehörigkeiten zu finden. Für die qualitative Stichprobenumfrage ist eine gute Durchmischung wichtig, um einen Eindruck der Einstellungen der jungen Menschen in Bayern zu erhalten. Unser Ziel war es allgemeingültige Aussagen zu treffen, die eine differenziertere Interpretation im Vergleich zur quantitativen Studie zulässt. Quantitative Studien ermöglichen diese Differenzierung nicht.

Konkret bedanken wir uns beim Wertebündnis für die großartige inhaltliche Unterstützung! Besonders ist hier Ingrid Ritt zu erwähnen, die uns viele wertvolle Kontakte herstellte. Auch Sebastian Felsner vom Bayerischen Lehrerinnen- und Lehrerverband e. V. (BLLV) danken wir für seine tatkräftige Unterstützung bei der Kontaktaufnahme zu verschiedenen Schulen in Bayern. Studienrat Josef Sigg von der Mittelschule Durach sowie Oberstudienrat Christian Schober von der Karl-Peter-Obermeierschule Passau warben erfolgreich für die Teilnahme bei ihren Schülerinnen und Schülern. Dasselbe gilt für Schulleiterin Waltraud Eder der Conrad-Graf-Preysing-Realschule Plattling und Studienrätin Daniela Arnold vom Karls-Gymnasium Pasing. Des Weiteren bedanken wir uns bei Elena Schleider vom Sonic Jugend & Kulturhaus Erding und Alexandra Münchberg von der Geschäftsstelle der Landjugend Bayreuth. Weitere Kontakte kamen über das GIM e. V. und unsere Projektpartner zustande, denen wir ebenfalls für ihre Unterstützung danken.

Ganz besonderer Dank gilt den Jugendlichen, die Corinna Wagner ihr Vertrauen für dieses Interview geschenkt und uns damit einen Einblick in ihr Leben und ihre Haltungen gegeben haben. Wir freuen uns, ihre Aussagen und Auffassungen in diesem Buch abbilden zu können.

Priv.-Doz. Dr. Karin Schnebel bedankt sich auch bei Corinna Wagner, die die Arbeiten an diesem Buch koordinierte und die Aussagen der Jugendlichen quantifiziert hat. Hierzu gehörte auch die Konzeptionierung der Fragen, die Durchführung und die vorläufige Protokollierung der Interviews. Des Weiteren will ich mich beim Wertebündnis Bayern für die Möglichkeit bedanken, ein solches Buch umzusetzen.

Dies ist der 4. Band unserer Demokratiereihe des Gesellschaftswissenschaftlichen Instituts München, welche im Rahmen der Werkbändenprojekte publiziert wurden.

Gerade in der heutigen politischen Lage, in der die Demokratie von verschiedenen Seiten immer wieder in Frage gestellt wird, können solche Befragungen Klarheiten schaffen und helfen, manche wichtige Maßnahmen zu konkretisieren.

Priv.-Doz. Dr. habil. Karin B. Schnebel
Corinna Wagner
München, im September 2023

Priv.-Doz. Dr. KARIN B. SCHNEBEL

Einleitung: Demokratie und Krisen

Demokratie ist für die meisten Menschen in der Bundesrepublik Deutschland (BRD) oder zumindest in Westdeutschland eine Selbstverständlichkeit. Bis vor rund 30 Jahren war dies in der ehemaligen Deutschen Demokratischen Republik (DDR) nicht der Fall. Die Bundesrepublik Deutschland ist seit 1949 ein Sozialstaat, in dem es möglich ist, dass Menschen mit finanziellen Nöten Sozialleistungen erhalten, mit denen sie grundsätzlich ihren Lebensunterhalt bestreiten können.

Doch in den letzten Jahren schleichen sich immer mehr Krisen und Konflikte in unsere Welt. Auch in Deutschland steigt die Armutsrate rasant. Immer mehr Menschen ernähren sich von den „Tafeln" und die Zahl der Obdachlosen steigt (Tafel 2022). Viele hunderttausende von Personen finden keine bezahlbare Wohnung. Jede/r sechste Rentnerin oder Rentner ist arm, obwohl ein Leben lang Rentenbeiträge einbezahlt wurden. Die Armutsgefährdung lag 2021 mit 16,6 % bei steigender Tendenz (Statista 2022, 2). Gleichzeitig nahmen 2021 antisemitische Beiträge in den deutschsprachigen sozialen Netzwerken auf das dreizehnfache zu. Auch die extremistischen Tendenzen im Allgemeinen sind enorm gestiegen. Mittlerweile halten schon 28 Prozent der West- und sogar 45 Prozent der Ostdeutschen Deutschland für eine Scheindemokratie (Allensbachbefragung SWR 2022). Die Demokratie mit Werten wie freien Wahlen, Meinungspluralismus oder Gleichberechtigung ist für fast jeden zweiten Ostdeutschen sogar nur scheinbar vorhanden. Diese Tendenzen sind durch den Anstieg der Energiepreise stark zunehmend; immer mehr Menschen wissen nicht, wie sie ihre nächste Miete inklusive der ansteigenden Nebenkosten bezahlen sollen. Die Bundesregierung leitet zwar Maßnahmen ein, um finanzielle Erleichterungen zu schaffen, doch eine wirkliche Lösung des Problems ist nicht in Sicht. Parallel dazu werden die Umweltprobleme immer größer und die Migrationsproblematik gerät wieder in den Vordergrund.

Gleichermaßen ist es ein Hoffnungsschimmer, dass das Engagement für die Demokratie zugenommen hat (Statista 2022, 3). Viele, vor allem junge Menschen, unterstützen die Demokratie; doch andere wollen das Land verändern oder umformen und dies oft nicht im demokratischen Sinne. Wenn dies dann soweit geht, dass das politische System selbst in Frage gestellt wird oder die Demokratie implizit abgeschafft werden soll, wird die Angelegenheit problematisch. Manche setzen sich dafür ein, die Gewaltenteilung auszuhebeln oder die Grundrechte einzuschränken. Dieser Wunsch wird teilweise mit friedlichen Mitteln in die Gesellschaft eingebracht. Ein Beispiel hierfür wäre das Mittel des zivilen Ungehorsams, dem sich manche „Klimaaktivistinnen und Klimaaktivisten" verpflichtet fühlen. Andere wenden für ihre politischen Ziele auch Gewalt an. Von der rechten Seite macht unter anderem die Reichsbürgerbewegung auf sich aufmerksam. Diese ist mittlerweile auf 23.000 Personen angewachsen. Ihre Mitglieder erkennen die Bundesrepublik

Deutschland nicht an, sondern wünschen sich das Deutsche Reich in den Grenzen von 1914 oder 1938 zurück (BMI 2022). Bedenklich sind auch die Unruhen in der Silvesternacht 2022/23 in Berlin. Auch wenn hier keine direkt erkennbare politische Absicht zu sehen ist, so richtet sich die Gewalt gegen amtliche Vertreterinnen und Vertreter, Verfahren und Institutionen unseres Staates und somit auch gegen den Staat an sich.

Von der rechten Seite engagieren sich viele in nationalistischen oder völkischen Bewegungen, andere – tendenziell von der politisch linken Seite – versuchen, mit der guten Absicht das Klima zu schützen, die Prinzipien unserer Demokratie auszuhebeln, indem sie beispielsweise auf neomarxistische Regierungssysteme setzen. Wieder andere schließen sich religiösen Gruppierungen an, wobei viele muslimische Gemeinschaften sich stärker radikalisieren. Menschen mit Haltungen zur Demokratie, die nur schwierig mit dem Grundgesetz vereinbar sind, nehmen in vielen Bereichen zu (Verfassungsschutzbericht 2021).

Der Brunswick-Studie wie auch der Allensbachstudie zufolge glauben, wie erwähnt, eine zunehmende Anzahl von Deutschen, dass sie in einer Scheindemokratie leben (Brunswick 2022, S. 10; siehe auch Allensbachbefragung SWR 2022). Dieses dahinterstehende fehlende Vertrauen findet man bei den Ostdeutschen häufiger (26 Prozent) als bei den Westdeutschen (16 Prozent). Im Durchschnitt sind es insgesamt über 20 Prozent der Befragten, die das demokratische System ändern wollen (Statista 2022, 4). Nach der Brunswick-Demokratiestudie ist bayernweit das Vertrauen in die Demokratie um 23,2 Prozentpunkte geringer als im Jahr 2017 (Brunswick 2022, S. 29). Im Hintergrund stehen Unsicherheiten, die unterschiedlich begründet sind und die dank der Meinungsfreiheit in einer Demokratie zum Ausdruck gebracht werden können. Doch die Zunahme der Skepsis gegenüber einer freiheitlichen Demokratie kann zu einem größeren Problem werden.

Eine der Ursachen sind internationale Ereignisse oder auch Tendenzen: Immer mehr Staaten werden autoritär regiert. Selbst die Europäische Union ist davon betroffen: So stellt Victor Orban die ungarische Demokratie in Frage. Russlands neoeurasische Auffassungen finden zunehmend auch in der Bundesrepublik Zuspruch und in Brasilien wurden unter der Präsidentschaft von Jair Messias Bolsonaro, unter der Scheinlegitimation der Coronakrise oder eben der vorgeblichen „präventiven“ Maßnahmen, immer mehr demokratische Rechte eingeschränkt. Auch die Anzahl der explizit undemokratischen Staaten hat zugenommen. Die Demokratien im weiteren Sinne umfassen im Jahr 2020 noch 49,4 % der Erdbevölkerung, doch schon ein Jahr später waren es nur noch 45,7 %. Nun gibt es 195 anerkannte Staaten, und davon leben 37,1 % der Menschheit in einem eindeutig nichtdemokratischen Land. Mit „demokratischen“ Staaten sind diejenigen Regierungsformen gemeint, die sich so nennen, aber nicht notwendigerweise demokratisch sind (Statista 2022, 1).

In einer Demokratie nach europäischer Vorstellung gibt es freie Wahlen, Volkssouveränität, eine unabhängige Justiz, Meinungsfreiheit und Versammlungsfreiheit, Rechtmäßigkeit der Verwaltung, ein Mehrparteienprinzip, Chancengleichheit aller politischer Parteien oder ein Recht auf eine Opposition. Wenn Staaten, die sich „demokratisch“ nennen, diese Prinzipien aber nicht umsetzen, sind sie nach Maßstäben der Bundesrepublik oder auch der Europäischen Union bedingt demokratisch. Doch nur ein demokratisches System bietet uns die Freiheiten, die wir genießen: Wir können unser Leben in einem größeren Maße frei gestalten, wir können unseren Beruf oder auch Partnerinnen und Partner wählen, wir haben größere Chancen unser Leben so zu planen, wie wir es uns vorstellen; nur in einer Demokratie kann eine große Anzahl von Personen in einem solchen Freiraum leben.

Wie sollen wir mit dieser Situation umgehen? Warum werden demokratische Systeme immer weniger geschätzt? Nun sind es nicht nur die Bürgerinnen und Bürger, sondern auch die Krisen und Kriege, das Klima oder die Politikerinnen und Politiker, die diese Veränderungen befördern.

Unser Anliegen ist es, die vollständige Demokratie zu verteidigen und zu überlegen, welche Gruppierungen den genannten Werten skeptisch gegenüberstehen. Um dies festzustellen, sind viele Fragen zu beantworten. Wie viele und welche gemeinsame Werte sind erforderlich, damit eine Demokratie wehrhaft bleibt? Welche Unterschiedlichkeiten kann eine Demokratie ertragen? Wie können wir dies feststellen und welche Toleranz ist hier angebracht? Wieviel Selbstbestimmung benötigen Menschen anderer Kulturen oder Religionen für die Integration und wie viel Anpassung kann die Politik von ihnen erwarten, um nach und nach einen gemeinsamen demokratischen Wertekanon zu entwickeln? Wie wichtig sind die historischen oder eben tradierte Werte für die Demokratie und welche Bedeutung haben diese, damit eine Demokratie funktionieren kann? Immerhin hat doch gerade die Bundesrepublik Deutschland sowie viele europäische Staaten eine lange und komplexe Geschichte durchlaufen, bis eine Demokratie möglich wurde und zur Gründung der Bundesrepublik Deutschland führte. Wie viel Stabilität und wie viel Veränderung verkraftet die demokratische Gesellschaft in der Bundesrepublik? Welche Krisen kann eine Demokratie aushalten? Und was ist von den Bürgerinnen und Bürgern abzuverlangen? Diese und weitere Unklarheiten treten bei vielen Themen in den Vordergrund.

Zu den Herausforderungen gehören die Maßnahmen der Coronapandemie ebenso wie die Sparmaßnahmen aufgrund der Energiekrise. Hierzu gehört es zu respektieren, dass aufgrund der Klimakrise viele Maßnahmen erforderlich sind oder auch, dass die einen Weihnachten feiern und andere Ramadan. In einer Demokratie sind Frauen und Männer gleichberechtigt, doch in den meisten muslimischen oder patriarchalisch strukturierten Staaten nicht. Viele muslimische Familien in der Bundesrepublik erlauben ihren Mädchen religionsbedingt weniger als den Jungen. Auch die Ruhetage sind verschieden: So feiert die christliche Bevölkerung den Sonntag als Ruhetag, doch muslimische oder jüdische Menschen den Freitagabend und Samstag. Welchen Stellenwert haben Bildung, Geschichte, Heimat, Musik, etc. im Alltag und um welche Bildung, Geschichte, Heimat oder Musik geht es? Essgewohnheiten oder religiöse Rituale sind Unterschiede, die sich fundamental auf die Gemeinschaft oder einfach das soziale Gefüge auswirken. Menschen sind miteinander befreundet, wenn sie gemeinsame Themen, Gewohnheiten, Denkweisen oder Rituale finden, die sie teilen. In heterogenen Gesellschaften ist das schwierig: Je mehr Verschiedenheit ein Staat zulässt und fördert, desto weiter wird eine Fragmentierung der Gesellschaft erfolgen; die Unterschiede der verschiedenen Gruppen werden stärker und die gemeinsamen Werte schwächer. Zu bedenken ist hier auch, dass Gewohnheiten des Menschen ebendiese aufs Tiefste betreffen.

Durch die daraus entstehende immer stärker werdenden Unterschiede und die dann zunehmende Beobachtung der anderen Religionen und Kulturen wird das Eigene reproduziert (Tezcan 2011, S. 303): Daraus folgen zwei Bestrebungen innerhalb der Gruppe der Nicht-Zugewanderten: Zum einen gibt es diejenigen, die die eigene Kultur oder Religion wieder intensiver pflegen und diese schützen und zum anderen die Bestrebung, die eigenen historischen Wurzeln abzulehnen und damit beispielsweise auch alles Kirchliche oder Traditionelle. Insgesamt suchen Menschen Zugehörigkeit und ziehen sich aus verschiedenen Gründen in ihre gesellschaftliche, politische oder religiöse Gruppe zurück. Damit grenzen sie sich gegen andere ab und es besteht eher die Gefahr, sich zu radikalisieren. Dies spiegelt sich nicht nur in der Zivilgesellschaft, sondern auch in der Parteienlandschaft wider. So wurde im Jahr 2013 die Partei Alternative für Deutschland (AfD) gegründet, die bereits rund zwei Jahre später enorm an Beliebtheit gewann. Ab 2015 zog die AfD in sämtliche Landes- und Bundesparlamente ein. Diese Partei, die sich dem sehr rechten Spektrum zuordnet, schätzt viele unserer demokratischen Prinzipien nicht und wird in Teilen auch immer wieder vom Verfassungsschutz beobachtet. Gleichermaßen ist es aber Ausdruck eines Anteils unserer Bevölkerung und spiegelt die oben genannte Radikalisierung der Gesellschaft wider.

Neben dem rechten Spektrum gibt es auch Radikalisierungen im linken Spektrum. Gruppierungen mit solchen Einstellungen zielen zwar auf Respekt für andere Kulturen oder Religionen ab, allerdings auch dann, wenn beispielsweise die Religionsgemeinschaft die Demokratie faktisch nicht respektiert oder gar unterwandert. Manche linken Gruppierungen streben ein neomarxistisches Regime an, welches auf eine sozialistische Gleichheit abzielt, doch ebenfalls Menschen diskriminiert, indem Minderheitengruppierungen nicht gefördert oder gar ignoriert werden.

Die Gemeinsamkeiten dieser beiden Seiten zeigt sich beim Thema Migration sehr deutlich im direkten Vergleich. Die „Rechten" unterdrücken Zugewanderte oder lehnen sie bisweilen ab und die „Linken" zielen auf eine absolute Anpassung in denen für sie wichtigen Belangen, wie beispielsweise die Assimilation der Bürgerinnen und Bürger an ein kommunistisches Regime an. Dieses respektiert beispielsweise Minderheitengruppierungen ebenfalls nicht.

Radikalisierungen von rechter wie auch von linker politischer Seite zielen meist auf eine autoritäre Führung. Bei der politisch rechten Seite sollte diese autoritäre Führung das Land vor Fremden möglichst beschützen, von der politisch linken Seite wird ein Gleichheitsverständnis ähnlich kommunistischer Vorstellungen eingefordert, in welchem Ideale wie Toleranz und Klimaschutz auch rigoros und autoritär durchgesetzt werden. Selbst in der Mitte der Gesellschaft gibt es den immer mehr verbreiteten Wunsch nach einer klaren Führung oder auch die Ansicht, dass wir in einer Scheindemokratie leben (Statista 2022, 1; Brunswick 2022). Der Wunsch nach einer direkten Demokratie ist demnach gekoppelt mit einer starken Führung.

Dieses Buch will nun einen Einblick geben, welche Bedeutung die Demokratie für Jugendliche hat. Wir haben uns auch die Frage gestellt, wie sich die Krisen der vergangenen Jahre auf die Einstellungen oder auf das Interesse von Jugendlichen für die Demokratie ausgewirkt haben. Krisen verändern die Gesellschaft und damit natürlich auch das Verhältnis und das Verständnis der jungen Menschen zur Demokratie. Teile des demokratischen Denkens hängen auch mit Kenntnissen über die Funktionen unseres politischen Systems zusammen. Ein weiterer großer Bereich, der in den letzten Jahren zu Einstellungsveränderungen geführt haben kann, ist das Internet. Man hat festgestellt, dass viele extremistische Einstellungen sich parallel mit der Durchsetzung des Internets verbreitet haben. Zu erwähnen ist hier auch der Medienkonsum, der beachtlich zugenommen und gerade unter den Jugendlichen neue Abhängigkeiten geschaffen hat. Durch die Zunahme der Nutzung der Sozialen Medien haben die herkömmlichen Medien an Bedeutung verloren und vielfach werden sie bisweilen sogar als „Lügenpresse" bezeichnet. Gleichzeitig nehmen aber die einseitigen Darstellungen in den sozialen Medien rasant zu. Immer weniger Jugendliche lesen heute noch die Zeitung und noch weniger davon lesen die Zeitung in Papierform. Ähnliches gilt auch für politische Themen, die im Fernsehen oder im Radio ausgestrahlt werden. Jede und jeder kann nun im Internet publizieren, was ihr oder ihm beliebt und ist selbst Journalist. Dies macht ein großes Verantwortungsbewusstsein für die Gesellschaft nötig und es stellt sich die Frage, ob dieses entsprechend aufgebracht wird. Einerseits können dank des Internets sehr schnell Dinge organisiert werden, so auch Demonstrationen, doch auch Verschwörungserzählungen und Fake News, nicht selten mit antisemitischem Inhalt, verbreiten sich rasant.

Hieraus entsteht auch die Frage, wie Jugendliche sich eine gerechte Gesellschaft vorstellen, ob diese Vorstellungen sich geändert haben oder ob die Antworten zeigen, dass wir uns diese Frage aufgrund der Lage hinsichtlich der Pandemie, des Klimas, der Energieknappheit, des Krieges oder der stetig steigenden Anzahl der Zuwanderungen nicht mehr so „frei heraus" stellen können. Welche neuen Vorstellungen von Demokratie oder von Gerechtigkeit sind nun im Umlauf oder nehmen zu? Wie ist der Status Quo unter Jugendlichen in Bayern und wie kann der Respekt vor unseren demokratischen Strukturen gestärkt werden.

Klar ist, dass wir einen gemeinsamen Konsens benötigen, damit eine Demokratie stabil bleibt. Nur wenn die gemeinsame Werte-Grundlage von der Mehrheit der Bevölkerung mitgetragen wird, ist eine Demokratie möglich. Dieser Band 4 unserer Veröffentlichungen soll zur Wehrhaftigkeit der Demokratie in verschiedenen Formen beitragen.

Priv.-Doz. Dr. habil. Karin B. Schnebel
München, im September 2023

Priv.-Doz. Dr. KARIN B. SCHNEBEL / CORINNA WAGNER

1. Demokratie und Werte bei Jugendlichen

Davon ausgehend, dass eine gemeinsame Wertegrundlage für eine funktionierende Gesellschaft notwendig ist, ist es wichtig, dass sich möglichst viele in dieser Demokratie engagieren. Dieses Engagement erhöht die Identifikation der Menschen mit der Gesellschaft und auch den Wunsch, diese Gesellschaft mitzugestalten. Der Schlüssel zu dem Wunsch sich zu betätigen, wäre demnach, Verantwortung tragen zu dürfen. Dies können auch kleine Dinge sein, doch wenn die Bürgerinnen und Bürgersich tatsächlich als unsere Gesellschaft mitgestaltend betrachten können, identifizieren sie sich mit ihrem geografischen Lebensmittelpunkt und setzen sich dafür ein. Und dies ist der Weg zur Integration von Zugewanderten, der Stärkung der Zugehörigkeit und letztendlich würde es weniger Menschen geben, die sich gegen die Gesellschaft und die Politik auflehnen und sich radikalisieren.

Nun kann zwar beobachtet werden, dass das Engagement für die Gesellschaft zugenommen hat, aber bei der konkreten politischen Beteiligung sieht die Lage schlechter aus. So engagieren sich rund 37 Prozent der befragten 12- bis 25-jährigen nach einer Umfrage aus dem Jahr 2020 in einem Verein, doch nur 4 % in einer Partei (Statista 2022, 3). Der Brunswick-Studie zufolge verlieren demokratische Werte allgemein an Bedeutung (Brunswick 2022, S. 10). Demnach werden Werte oder moralische Leitprinzipien sowohl im gesellschaftlichen als auch im privaten Bereich unwichtiger und das Private steht bei jungen Menschen in der Bundesrepublik im Vordergrund. Auch das Leitprinzip der Demokratie nimmt ab und das Misstrauen in die Politik wächst. Gerade das Internet und die Sozialen Medien haben einen negativen Einfluss auf Jugendliche in Bezug auf ihre demokratischen Werte (dies.).

Dies hat uns gezeigt, wie wichtig es ist, Jugendliche zu Wort kommen zu lassen. Gerade in einer Demokratie ist es notwendig, dass sich die Menschen mit eben dieser identifizieren und sich auch dafür einsetzen. Dies kann gefördert werden, indem man ihnen eine Stimme gibt, indem man sie nachdenken lässt und mit ihnen in einen Dialog tritt. Wir haben uns gefragt, wie Jugendliche über Demokratie, gerade in der heutigen Krisenzeit, denken oder ob und inwiefern sie überhaupt in eine solche Metaebene einsteigen. Auch die Themen, die Jugendliche beschäftigen, spielen hierbei eine Rolle. Was davon sollte dringend von der Politik aufgenommen werden? Um diesen Themen genauer auf den Grund zu gehen, haben wir Interviews mit 25 jungen Menschen aus Bayern im Alter zwischen 15 und 24 Jahren geführt. Zwei Drittel der Befragten waren noch nicht volljährig.

Dieses Buch würde im wissenschaftlichen Sprachgebrauch „qualitative Stichprobenanalyse“ heißen und kann als Ergänzung zur Brunswick-Studie betrachtet werden. Unserer Untersuchung zufolge kann der Eindruck gewonnen werden, dass Jugendliche sich beteiligen wollen, aber sich selbst nicht als informiert genug sehen.

Beteiligung ist für Jugendparlamente, politische Jugenddebatten oder Aktivitäten gewünscht; die Teilnahme an den Wahlen finden die allermeisten Befragten für Jugendliche unter 18 Jahren nicht sinnvoll, da sie vielfach der Meinung sind, dass minderjährige Jugendliche noch nicht zu einem eigenständigen Urteil fähig sind. Sie lassen sich noch zu sehr von ihrem Freundeskreis oder von den Eltern beeinflussen und zudem lernen Sie darüber auch zu wenig in der Schule. Interessant war jedoch, dass das Vertrauen in die staatlichen Organisationen und in die Demokratie überraschenderweise in unseren Umfragen stark ausgeprägt ist. Gleichermaßen sind es Momentaufnahmen von jungen Menschen, die sich in Entwicklung befinden und sich noch verändern. Diese Arbeit kann Hinweise für die Weiterführung anderer Studien geben oder einfach zum Nachdenken anregen. Alle Teilnehmerinnen und Teilnehmer der Befragung wollten gerne an diesem Buch mitwirken. Die Meinung von Jugendlichen, die dem demokratischen System bereits komplett den Rücken gekehrt haben, sind dadurch möglicherweise nicht abgebildet worden. Auch wenn dies sicherlich eine Schwäche ist, so ist eines der weiteren Ziele der Studie die Vielfalt von Jugendlichen in Bayern darzustellen.

Interessanterweise machten wir die Feststellung, dass Mädchen sich seltener befragen lassen wollten und sich weniger für Politik interessieren. Dies kann zwei Ursachen haben: Der erste Grund für das geringere Interesse sehen wir darin, dass Mädchen sich aufgrund ihrer Sozialisierung weniger für Politik und die damit zusammenhängenden Themen interessieren, wie auch die Untersuchungen von „Statista" zeigen (Statista 2022, 5). Der zweite Auslöser für dieses Verhalten kann auch darin liegen, dass es in der Schule das Fach „Politik und Gesellschaft" erst ab der 10. Klasse gibt und daher noch zu wenige Kenntnisse bestehen, wodurch das Thema noch nicht hinreichend diskutiert werden kann. Nichtsdestotrotz haben wir es geschafft, einige Mädchen zum Mitmachen zu bewegen. Insgesamt wurden 13 männliche, zehn weibliche, eine diverse und eine eventuell diverse Person interviewt.

CORINNA WAGNER

2. Konkrete Durchführung und Eindrücke der Befragungen

2.1 Warum so und nicht anders?

Die Interviews wurden persönlich online über das Konferenztool „Zoom“ geführt. Dabei haben die Interviewten und ich (vor einem Bücherregal sitzend) uns gegenseitig gesehen. Daher ist es durchaus möglich, dass dies die Antworten beeinflusst hat; möglichweise wurden hin und wieder Dinge gesagt, um wahlweise zu gefallen oder zu provozieren. Meine Bemühungen zielten selbstverständlich darauf ab, neutral zu wirken. Auch habe ich mich bemüht, keine Suggestivfragen zu stellen, auch wenn dies nicht immer gelungen ist, da ich herausfinden wollte, ob hinter kurzen Darstellungen tieferes Hintergrundwissen vorhanden ist. Welche Gedankengänge stecken hinter den Aussagen oder den konkreten Einstellungen? Sind es Meinungen, die von der Peer-Group oder Eltern kopiert sind?

An zwei Schulen wurde die Sitzung in einem Raum eröffnet und Schülerinnen und Schüler bekamen während der Unterrichtszeit spontan die Möglichkeit, an den Interviews teilzunehmen. Manche Schulen, Jugendclubs und Vereine vermittelten Kontakte an mich weiter. Die Interviews habe ich während der Sitzungen aufgezeichnet und anschließend detailgenau aufgeschrieben. Der einfachen Lesbarkeit wegen hat Priv.-Doz. Dr. habil. Karin Schnebel die Interviews später gekürzt und das Wesentliche für die Darstellung herausgezogen. Allerdings kann man im Literaturverzeichnis des Buches den Link zu unserer Website mit den Transkriptionen der authentischen Interviews finden, bei denen nur Dialekt ins Hochdeutsche umgeschrieben wurde. Dadurch können Interessierte die Originalaussagen der Jugendlichen auf Wunsch nachlesen.

Die Fragen waren den jungen Befragten im Vorfeld nicht bekannt. Da es sich um eine qualitative Stichprobenauswahl handelt, sind die Aussagen nur teilweise ergänzend zu der quantitativen Brunswick-Studie repräsentativ.

Nun zum Konkreten:

Alter der Interviewten:

15 Jahre:	2
16 Jahre:	3
17 Jahre:	9
18 Jahre:	3
19 Jahre:	1

20 Jahre:	1
21 Jahre:	4
22 Jahre:	1
24 Jahre:	1

Schulbildung:

Aktuell Mittelschule:	2
Aktuell Realschule:	4
Aktuell Gymnasium:	4
Aktuell Berufsfachschule (vorher Gymnasium):	1
Aktuell Universität (davor Gymnasium):	2
Aktuell Angestellt (davor Realschule und Berufsschule):	1
Aktuell Berufsschule:	11

Davon vorher:

Keine Angabe:	1
Realschule:	4
Realschule – FOS:	4
Gymnasium:	1
Mittelschule:	1

Geschlecht/Gender:

Männlich:	13
Weiblich:	10
Nicht sicher ob, weiblich oder divers:	1
Divers:	1

Eingewanderte (erste Generation) [1] 4

Religiöse Zugehörigkeit

Die Mehrheit der Befragten war christlich. Es waren auch muslimische und jüdische Mitbürger*innen dabei.

Wir haben im Folgenden einige Ergebnisse der Untersuchung zusammengefasst und in verschiedene Themen unterteilt, um klare Aussagen in Bezug auf die Einstellungen zur Demokratie machen zu können. Grundlage der Quantifizierung sind die ungekürzten Protokolle der Originalinterviews mit den Jugendlichen.

[1] Vier Jugendliche mit eigener Einwanderungserfahrung thematisierten ihre Herkunft. Drei davon im Konetext von Diskriminierung. Zwei Interviewte mit eingewandertem Elternteil oder eingewanderten Eltern erwähnten dies im Zusammenhang mit Religionszugehörigkeit. Eine Interviewte sprach über Einwanderung des Großvaters im Zusammenhang mit Rassismuserfahrungen.

2.2 Demokratie und Meinungsfreiheit

Über die Hälfte der Befragten war unter 18 Jahre alt. Alle Befragten fanden es positiv, in einer Demokratie zu leben. Ein Befragter stellte die Demokratie im ersten Schritt infrage. Die wichtigste Assoziation, die die Jugendlichen zum Thema Demokratie hatten, war Meinungsfreiheit oder freie Meinungsäußerung, dies wurde 13-mal geäußert. Demokratie als Volksherrschaft wurde nur von sechs Befragten definiert. Möglicherweise lag das an der Fragestellung, die mit der Formulierung „Was bedeutet für Dich Demokratie?" das Individuum in den Mittelpunkt stellte. Weitere Nennungen waren „Einfluss des Einzelnen / Mitbestimmung / Teilhabe / Mitsprache" (8 Nennungen), „Rechte / Grundgesetz / Menschenrechte / Gleichberechtigung" (7 Nennungen), „Wahlen" (6 Nennungen), „Freiheit" (5 Nennungen), „Gleichheit" (3 Nennungen), „keine Monarchie / Alleinherrschaft" (3 Nennungen), „Teil einer Gemeinschaft sein, Zusammenhalt" (2 Nennungen), „Möglichkeit, durch Einsatz Veränderungen zu erreichen" (2 Nennungen), „Mehrheitsentscheidung" (2 Nennungen), „Pflichten" (1 Nennung), „Pressefreiheit" (1 Nennung), „keine Selbstverständlichkeit, da in der Vergangenheit und im Ausland Menschen für ihre Erreichung starben / sterben" (1 Nennung).

Die Mehrheit spricht oft über Politik (13), viele gelegentlich (7) und einige selten (5). Fast alle sind der Meinung, dass man in Deutschland seine Meinung frei sagen kann, aber vielen ist es unangenehm, eine Meinung zu vertreten, die bei anderen nicht gut ankommt. Mehr als ein Drittel der unter 18-jährigen Befragten fühlte sich vom Staat nicht repräsentiert. Ein knappes Drittel teilweise oder nur von ihrer Partei, ein weiteres knappes Drittel schon. Bei den über 18-jährigen fühlten sich nur zwei Befragte nicht repräsentiert, eine knappe Mehrheit (6) teilweise, fünf fühlten sich repräsentiert.

2.3 Engagement

Die Mehrheit der Befragten, 15 Personen, gab an, politisch nicht aktiv zu sein, zwei sagten, dass ihre Aktivität darin bestünde, gelegentlich über Politik zu reden. Die anderen acht Jugendlichen gaben an, politisch aktiv zu sein. Dabei handelte es sich um Mitgliedschaft in Jugendorganisationen von Parteien, Übernahme von Ämtern, Teilnahme am Wahlkampf, Teilnahme an Demonstrationen, Ausbildung zum Multiplikator*in für politische Themen, Projektleitung oder politischer Aktivismus auf Social Media. Vier Befragte sind Mitglied einer Partei oder deren Jugendorganisation.

Die Hälfte der Befragten engagiert sich in Vereinen oder Organisationen. Genannt wurden die Freiwillige Feuerwehr, Orchester oder Chor, Sportvereine, Vereine zur Brauchtumspflege, Tierzucht oder Tierschutz, Organisationen, die in der politischen Bildung, dem gesellschaftlichen Zusammenhalt oder der Erhaltung von Werten tätig sind, Studierendenverband, Jugendparteien oder Kirche / Synagoge. Einige

Befragte leiten auch selbst schon Projekte oder organisieren größere Veranstaltungen.

2.4 Kirche und Religionsgemeinschaften

Über die Hälfte der Befragten bezeichnete sich als religiös (14), bei den unter 18-jährigen waren es sogar 13 von 17 Befragten. Nur drei Befragte sagten, dass sie nicht religiös seien. Einer dieser drei erwähnte aber an anderer Stelle, dass Tiere eine Seele hätten und dass die Frage nach dem Sinn des Lebens oder warum er auf der Erde sei, eines der wichtigsten Themen für ihn sei. Die anderen Befragten bezeichneten sich als mehr oder weniger religiös (6), in einem Interview wurde die Frage nicht gestellt. Der Großteil der Befragten war christlich (18), davon 13 römisch-katholisch, vier evangelisch, und eine griechisch-orthodox. Zwei Befragte waren jüdisch, zwei muslimisch, bei dreien blieb es unklar. Im vorher geführten Testinterview wurde die Frage nach Religiosität gar nicht gestellt, bei den frühen Interviews wurde nicht nachgehakt, wenn die Antwort nur ja/nein lautete.

Ein Befragter ist aus der evangelischen Kirche ausgetreten, weil er sich nicht mehr mit ihr identifizieren kann, drei der Katholik*innen tendieren zu einem Austritt. Von diesen begründete dies ein Befragter mit dem schlechten Umgang der katholischen Kirche mit Kindern. Zwei der drei Austrittswilligen hatten sich vorher als religiös eingeordnet, zwei der Befragten aus dieser Gruppe identifizieren sich als divers oder eventuell divers. Fünf Befragte gaben an, sich in ihren Gemeinden zu engagieren oder engagiert zu haben, beispielsweise als Ministrant*in, Sänger*in im Synagogenchor, in der Jugendarbeit und der Kirchenpolitik. Mehrere Befragte besuchen ihre Gemeinden gelegentlich oder nur zu großen religiösen Festen, einige gehen regelmäßig zu Gottesdiensten.

2.5 Forderungen an die Politik

Da sich die Antworten auf die drei folgenden Fragen thematisch überlagerten, werden sie hier zusammengefasst dargestellt. Dies betrifft erstens die Frage, was das wichtigste Thema sei, dessen sich die Politik annehmen solle, zweitens, was man in der Politik verändern wollen würde, sofern man die Möglichkeit hätte, und drittens, was man sofort abschaffen würde, wenn man könnte.

Weil die Fragen offen gestellt wurden, gibt es Interviewte, die Mehrfachantworten gegeben haben, und andere, die einfach geantwortet oder auf eine Frage gar nichts gesagt haben. Außerdem ist zu beachten, dass die Interviews in einem Zeitraum von Februar bis November 2022 durchgeführt wurden. So thematisieren die früh geführten Interviews noch mehr die Covid-19-Pandemie, dann auch den Ukrainekrieg, wenn sich auch dessen Einordnung im Laufe der Monate veränderte, und schließlich die befürchteten Engpässe in der Energieversorgung oder die wirtschaftlichen

Folgen. Auch andere Ereignisse aus dem Tagesgeschehen, wie die Änderung des Abtreibungsrechtes in den USA oder die Frauenproteste im Iran kamen im Sommer und Herbst hinzu. Andere Befragten hatten ihre ganz speziellen Anliegen oder Probleme. Wenn im folgenden Zahlen genannt werden, ist die Aussage zu relativieren.

2.5.1 Pandemie, Klima, Krieg, Energie

Die Freiheitsbeschränkungen durch Maßnahmen gegen die Corona-Pandemie waren für zwei Jugendliche das wichtigste Thema, welches die Politik behandeln solle. Ein Befragter hätte sich eine stärkere Orientierung an der Mehrheitsmeinung gewünscht statt Richtungswechsel bei der Pandemiebekämpfung. Zwei hätten die Maskenpflicht gerne früher abgeschafft, unter anderem im Öffentlichen Personen-Nah-Verkehr (ÖPNV).

Die Umweltpolitik, die Klimakrise und der Klimawandel wurde siebenmal als wichtigstes Thema genannt, dabei ging es zum Beispiel um das Produzieren von weniger Plastik, Stärkung des ÖPNV oder darum, die CO2-Steuer zu erhöhen. Das konkrete Anliegen, mehr erneuerbare Energien zu verwenden oder deren Entwicklung voranzutreiben, dreimal.

Der Ukrainekrieg oder die Notwendigkeit friedensstiftender Maßnahmen wurde viermal, Krieg allgemein dreimal als wichtiges Thema derzeit gesehen. Energie oder Überwindung der Energiekrise durch erneuerbare Energien wurde zweimal genannt. Ein Jugendlicher war hingegen für die Reduzierung der Treibstoffpreise mittels Steuersenkung. Außerdem wurde einmal gewünscht, mehr wissenschaftsbasierte Politik zu betreiben. Dies bezog sich vor allem auf die Bekämpfung des Klimawandels.

2.5.2 Arbeit und Wirtschaft

Die Wirtschaft, die Unterstützung kleiner Firmen und die Wirtschaftskrise waren für zwei Jugendliche das wichtigste Thema. Für eine Befragte war die Arbeitslosigkeit von besonderer Bedeutung, ein weiterer Befragter nannte das Rentensystem. Zweimal wurde die Landwirtschaft oder ihre bessere Finanzierung genannt. Ein Befragter plädierte aus ethischen Gründen für die Abschaffung der Massentierhaltung. Soziale Gerechtigkeit, wie beispielsweise die Bekämpfung von Kinderarmut, wurde einmal erwähnt, außerdem Steuersenkung für Geringverdiener in Kombination mit strengerer Verteilung von Sozialleistungen. Eine Person würde auf ein sozialistisches System umsteigen (oder zunächst Gewerkschaften stärken, höhere Steuern für Reiche erheben und mehr Gleichberechtigung durchsetzen). Einer anderen Person lag die bessere finanzielle Ausstattung von Schulen am Herzen. Konzernen, die auf Kohle setzen, würde sie Gelder abziehen, um sie in erneuerbare Energien zu investieren. Außerdem gewünscht wurde einmal die Vereinfachung des Steuersystems.

2.5.3 Bildung

Siebenmal wurde das Bildungssystem oder das Schulsystem als wichtigstes Thema angesprochen. Eine Person möchte eine deutschlandweite Vereinheitlichung, eine andere fände wie bereits erwähnt eine bessere finanzielle Ausstattung von Schulen nötig, und zwar für die Digitalisierung. Den Wunsch nach einem mehr am Individuum orientierten Schulsystem äußern Interviewte mehrfach hier und an anderer Stelle. Idealerweise soll sich die Schule an Stärken orientieren und keine Massenabfertigung sein, weniger Leistungsdruck ausüben sowie psychische Faktoren einbinden. Außerdem mehr Praktisches bieten – was für den einen Unternehmensführung, für einen anderen Kochen bedeutet –, Naturverbundenheit fördern und Sinnsuche ermöglichen, oder mehr zur Persönlichkeitsbildung beitragen. Eine Befragte wünscht sich mehr politische Bildung.

2.5.4 Frauenquote, Antisemitismusbekämpfung, Volksnähe, etc.

Eine Befragte priorisierte allgemein die Eindämmung von Diskriminierung. In diesem Zusammenhang wurde auch gewünscht, diskriminierende Äußerungen der Partei Alternative für Deutschland (AfD) stärker zu ahnden oder einzuschränken. Drei Nennungen sprachen sich für eine Frauenquote beziehungsweise für mehr Beteiligung von Frauen in der Politik aus. Gleichberechtigung oder die Gleichberechtigung für alle Geschlechter (inklusive der nicht-binären Geschlechter) war für zwei junge Menschen ein Thema, für eine andere Befragte standen Feminismus und Frauenrechte im Vordergrund. Hierzu gehört auch das Abtreibungsrecht oder die zu hohe Besteuerung von weiblichen Hygieneprodukten. Von zwei Befragten wurden als wichtige Themen die Antisemitismusbekämpfung genannt, beide waren jüdisch.

Eine Person war der Ansicht, dass die Bevölkerung häufiger befragt werden solle als nur zu den Wahlen, eine andere plädierte für eine Politik, die den Dialog zwischen Bürger*innen und Politiker*innen stärker betont. Auch mehr Dialog untereinander im Sinne von konstruktiver Streitkultur sollte angestrebt werden. Die Senkung des Wahlalters auf 16 Jahre stand für eine Befragte an vorderster Stelle. Eine Befragte hielt den Lobbyismus in Form von Bestechung von Politikern für das größte Problem, eine andere wünscht sich mehr Kompetenz bei Politikern, womit vor allem die Personen in Ministerposten kritisiert wurden. Eine Person schlägt zur Vereinfachung von Bürokratie „One-Stop-Shops" vor und zwei Befragte würden die Rundfunkgebühren senken oder abschaffen.

2.5.5 Außenpolitik

Während eine Person die Stärkung des Bündnisses mit den USA wünscht und eine andere die Zusammenarbeit mit undemokratischen Staaten wie China und Russland einschränken würde, glaubt eine andere, dass Deutschland ein „Marionettenstaat" sei, der zu sehr von Weltmächten beeinflusst wird und dadurch Kriege mitverursacht.

2.6 Diskriminierung

Von 25 Befragten sagten 17, sich nicht diskriminiert zu fühlen. Eine der Personen nannte anschließend aber doch ein Beispiel eigener Diskriminierung. Acht Jugendliche hatten eigene Diskriminierung erlebt oder fühlen sich diskriminiert wegen ihrer sexuellen Identität (Homosexualität) oder ihrer ethnischen Herkunft/Rassismus. So berichtete ein aus Syrien Geflüchteter, dass er durch seine Augen- und Haarfarbe als „Ausländer" erkennbar sei und deswegen gelegentlich negativ eingeschätzt werde, ein in Tunesien geborener Jugendlicher wurde für einen „Verbrecher" gehalten. Eine Person mit einem aus Afrika stammenden Großvater gab an, dass Leute sie aufgrund ihres Aussehens entweder ignorierten oder mit ihr ganz langsam wie mit einem Kind sprachen. Eine jüdische Befragte sagte, dass sie oft das Gefühl vermittelt bekomme, „anders" zu sein. Sie hatte auch schon bei einer anderen Frage geäußert, dass sie sich in diesem Staat bei manchen Dingen als Jüdin nicht gut repräsentiert sehe. Eine Schülerin berichtete, wegen ihres ungarischen Akzents in der Schule Punktabzug bekommen zu haben.

Als Gründe für Diskriminierung wurden auch das Geschlecht oder die Geschlechtsidentität (weiblich, divers) genannt, die soziale Herkunft und die wirtschaftlichen Verhältnisse. Diskriminierung von anderen oder Dritten hatten 14 Befragte erlebt oder davon gehört. Diskriminiert wurde einmal wegen der sexuellen Identität (Homosexualität), wegen des Geschlechts oder der Geschlechtsidentität (Sexismus gegen Frauen, Transfeindlichkeit) oder wegen der ethnischen Herkunft/Rassismus (so wurde Schwarzen/People of Color gesagt, dass sie „zurück in den Dschungel" sollten, oder „asiatische Freunde" wurden zu Anfang der Coronapandemie für diese verantwortlich gemacht. Schüler*innen wurden von anderen wegen ihrer Ausdrucksweise gemieden (Migrantendeutsch oder Sprache einer anderen Bildungsschicht) oder von der Lehrerin wegen mangelnder Sprachkenntnisse in ihr Herkunftsland zurückgewünscht. Ein Schüler bemerkte, dass es auch eine subtile Art der Diskriminierung durch Lehrer gebe, nämlich die Einteilung in „die" und „die anderen").

Auch Diskriminierung aufgrund der Weltanschauung (während der Coronapandemie „Ungeimpft" zu sein) wurde bemängelt. Eine weitere genannte Diskriminierung war die der Religion (bezogen auf das muslimische Kopftuch).

2.7 Grundgesetz

Hinter dem Grundgesetz der Bundesrepublik standen 21 von 25 Befragten. Vier Befragte hatten keine Meinung dazu, weil sie das Grundgesetz nicht hinreichend kannten. Das Grundgesetz wurde als sehr wichtig empfunden, als Absicherung der Grundrechte und Menschenrechte und als wichtige Orientierung, auch wenn nicht alles umgesetzt wird. Zwei Befragte schlugen eine Änderung beziehungsweise einen Zusatz vor. Dies betraf zum einen die Gleichstellung der „Geschlechter" statt der Gleichstellung von „Männern“ und „Frauen“ und zum anderen einen Klimaschutzparagraphen.

2.8 Direkte Demokratie

Viele Jugendliche wünschten sich mehr direkte Demokratie. Konkret waren dies 15 der Befragten. Dieser Wunsch ist bei Jugendlichen unter 18 Jahren besonders ausgeprägt. Die Argumente hierfür sind, dass das Volk häufiger als alle vier Jahre zu den Wahlen befragt werden sollte, so zum Beispiel zu wichtigen Themen wie den Maßnahmen gegen die Corona-Pandemie oder dem Klimawandel.

Kritische Stimmen unter den Jugendlichen befürchten extremistische oder populistische Entscheidungen, bezweifeln, dass man die gesamte Bevölkerung vor der Abstimmung adäquat informiert bekäme, halten den Prozess für zu aufwendig oder für chaosfördernd. Die meisten sind der Ansicht, dass nur bestimmte Themen oder Grundsatzfragen direkt abgestimmt werden sollten. Bei zu häufigen Abstimmungen wird auch mangelnde Wahlbeteiligung befürchtet. Eine Befragte wünscht sich eine größere Bindungskraft von Volksbegehren.

2.9 Wahlrecht

Auf die Frage, wer alles wählen dürfen solle, plädierten aus der Gruppe der Jugendlichen unter 18 Jahren nur vier für eine Senkung des Wahlalters auf 16 Jahre. Die zehn anderen Minderjährigen waren dafür, dass erst ab 18 Jahren gewählt werden sollte. Die Argumente der ersten Gruppe waren, dass es keinen großen Unterschied zwischen den 16- und den 18-jährigen gebe, Jugendliche für die Zukunft stehen und ein Ausschluss der Jugendlichen unfair sei. Die andere Gruppe argumentierte, dass die 16-jährigen zu uninformiert und desinteressiert seien, die nötige Reife nicht haben, ihnen Weitblick und (berufliche) Erfahrung fehle. Außerdem sei die Gruppe beeinflussbar und vielleicht einer „Spaßwahl“ fähig.

Von den 18- bis 19-jährigen waren drei von vier Befragten ebenfalls für das Wahlrecht erst ab 18 Jahren. Ein Befragter war sich unschlüssig. Am meisten Zustimmung für eine Senkung des Wahlalters auf 16 fand sich in der Gruppe der schon länger Wahlberechtigten, den 20- bis 24-jährigen. Hier trauten sechs von sieben Befragten den Minderjährigen diese Aufgabe zu, der siebten Person war es egal. Die Argumente waren, dass Jugendliche informiert genug seien und Verantwortung übernehmen können. Zwei Befragte würden das Wahlalter sogar auf 12 beziehungsweise 15 Jahre senken. Eine Befragte wäre für eine Altersoberbegrenzung des Wahlrechtes, um die Zukunftsorientierung von Entscheidungen zu gewährleisten. Sehr viel weniger Befragte äußern sich zum Thema Staatsbürgerschaft (12 Personen). Von diesen ist die deutsche Staatsangehörigkeit für sieben Befragte Voraussetzung für das Wahlrecht. Ein Befragter würde es auf EU-Bürger, die längere Zeit in

Deutschland leben, ausweiten[2], ein anderer auf Leute, die in Deutschland arbeiten. Vier Befragte würden das Wahlrecht auf alle, die in Deutschland leben (genannte Zeitspanne: seit eins bis fünf Jahren), erweitern, auch auf Geflüchtete.

2.10 Freiheit und Gleichheit

Die Fragen zu Freiheit, Gleichheit und Gerechtigkeit hatten wir im ersten Interviewversuch relativ abstrakt gestellt, kein befriedigendes Ergebnis erhalten und deswegen anschließend mit mehr Beispielen gefüllt. Beim Thema Freiheit und Einschränkung der eigenen Freiheit wurden von mir oft die Maßnahmen gegen die Ausbreitung der Covid-19-Pandemie ins Gespräch gebracht. Mit dem Thema Freiheit verbinden die Befragten Folgendes: „Meinung sagen“ (8 Nennungen), „machen, was man will“ (5 Nennungen), „Entscheidungen treffen“ (4 Nennungen), „frei bewegen“ (4 Nennungen), „Reisen“ (3 Nennungen), „Beruf wählen“ (3 Nennungen), „freie Entfaltung“ (2 Nennungen), „Lebensgestaltung“, „freiwilliges Tun“, „Freizeit“, „Träume umsetzen“, „Interessen nachgehen“, „körperliche und psychische Unversehrtheit“, „über den eigenen Körper bestimmen“, „positive Freiheit“ (= „Freiheit zu“), „treffen, wen man will“, „Religionsfreiheit“, „Zugang zu Informationen (auch aus dem Ausland)“, „bauen auf Eigentum“, „keine Regeln“, „keine Einschränkung durch Gesetze“, „kein Zwang“, „keine Kontrolle“, „in Ruhe gelassen werden“, „keine Überwachung“, „nicht eingesperrt werden“, „keine Ausgangssperre“, „keine Diskriminierung“, „keine negative Freiheit im Sinne von alleine gelassen werden“.

Die Grenze der eigenen Freiheit oder eine Situation, in der sie die eigene Freiheit beschränken würden, wäre für die Befragten: „Freiheit anderer Menschen ist durch das eigene Tun gefährdet“ (3 Nennungen) (z. B. Corona), „um körperliche Unversehrtheit von anderen zu gewährleisten“, „Schutz anderer“ (Corona), „Verletzung von anderen“, „andere Menschen erleiden Schaden“ / „werden benachteiligt“, „Terrorismus, Mord“ (2 Nennungen), „Gewalt“ (2 Nennungen), „Mobbing“, „Konfliktförderndes“, „Straftaten“, „Verbotenes“ (z. B. Drogen), „Regeln, Gesetze einhalten“ (3 Nennungen), „Menschenrechte“, „Besitz“, „Eigentum anderer“, „Wertschätzung Deutschlands“, „Sicherheit“, „Armut anderer“, „die Möglichkeit, sich selbst als Sklave zu verkaufen“. Während der Corona-Pandemie waren die Freiheitseinschränkungen einigen Befragten zu viel. Genannt wurden die Ausgangsbegrenzung, die zeitliche Länge des Lockdowns und der Kontaktbeschränkungen oder das Verbot für Kinder, miteinander zu spielen. Auch wurde kritisiert, dass die Regeln irgendwann nicht mehr verständlich gewesen seien und Schüler*innen sowie Student*innen zu wenig beachtet wurden. Für einen Befragten war die „Natur“ die Grenze, der man sich hätte unterordnen sollen.

[2] EU-Bürger dürfen sich bereits an den Kommunalwahlen beteiligen.

2.11 Gerechtigkeit

Beim Thema Gleichheit und Gerechtigkeit wurde eine Geschichte verwendet, um die Einstellung zur wohlfahrtsstaatlichen Demokratie und zum Leistungsprinzip abzufragen: Eine Pizza war aufzuteilen an eine arbeitende Person, eine wegen körperlicher Einschränkung nicht arbeitende Person und eine nicht arbeitende Person, für deren Nichtarbeiten absichtlich kein Grund genannt wurde. Die Geschichte wurde sehr unterschiedlich verstanden.

Von den Jugendlichen teilten 18 von 24 (ohne Testinterview) die Pizza in drei gleich große Teile. Hier stand vermutlich für die Befragten die Befriedigung der grundlegenden Bedürfnisse im Vordergrund, auch wenn die Pizza symbolisch hätte betrachtet werden können. Bei genauerer Nachfrage, ob das auch im Falle von Löhnen so sein solle, wenn Grundbedürfnisse wie Essen (oder Unterkunft) befriedigt sind, kam es zu großen Unterschieden. Manche verstehen die Geschichte oder die Pizza allgemein als Symbol dafür, wer in unserer Gesellschaft mit wieviel Geld pro Monat nach Hause gehen sollte. Drei Personen versetzen sich hingegen in die Situation des Sozialamtes o. ä., der Arbeitende bekommt demnach am wenigsten, weil er ja schon Geld verdient und daher bereits versorgt ist. Einer versetzt sich in die Rolle eines Gastgebers, der zur Pizza einlädt, und verteilte an alle gleich in der Annahme, dass auch ein Arbeitender arm sein kann. Manche stellen Bedürftigkeit, andere Leistung in den Fokus. Einige gehen davon aus, dass jemand, der nicht arbeitet, legitime Gründe dafür haben wird. Vier Personen würden deswegen (oder weil sie die Gründe nicht kennen) alle gleich bezahlen. Als Gründe für die Bedürftigkeit werden psychische Probleme, zu betreuende Kinder, Herkunft oder unbekannte schwierige Bedingungen vermutet. Chancengerechtigkeit spielt für diese Befragten also eine Rolle. Andere würden der nicht arbeitenden Person ohne Behinderung weniger (8) oder gar nichts (1) zahlen. Ein Befragter hält die Person für „faul", aber aus Menschlichkeit unterstützenswert, zwei Befragte würden die Person bei der Integration (in den Arbeitsmarkt) unterstützen. Eine Befragte plädiert für einen Mindestsatz, der für Essen, Wohnung, Kleider, Aktivitäten und regionalen Wochenendurlaub reichen. Vier würden wie bereits erwähnt auch im zweiten Schritt alle gleich behandeln, somit bekäme der Behinderte ein Drittel. Ein Befragter würde bei Behinderung und Nichtarbeit (ohne genannten Grund) gleich bezahlen oder den Behinderten höher wegen spezieller Ansprüche. Bei einer anderen Befragten erhielte er ebenfalls dasselbe, aber insgesamt nur die Hälfte vom Arbeitenden. Andere merken nur an, dass jemand mit Behinderung ausreichend vergütet werden solle, nicht benachteiligt werden dürfe und zum Leben reichende Unterstützung erhalten müsse: Einmal erhält er den Mindestsatz plus Krankengeld, einmal Grundeinkommen. Viele wollen den Arbeitenden am besten bezahlen (11), weil er sonst keinen Ansporn zu arbeiten hätte, um seine Mühe anzuerkennen oder seine Arbeit beziehungsweise seinen Beitrag für das Land oder die Wirtschaft zu entlohnen: Einmal bekäme er z. B. die Hälfte der Pizza, einmal Mindestsatz plus erarbeiteten Lohn, einmal Grundeinkommen plus erarbeiteten Lohn. Für einige steht auch Bedürftigkeit im Vordergrund, sie würden zum Beispiel erst fragen, wer überhaupt Hunger hat, oder finden, dass derjenige, der mehr Hunger hat (zum Beispiel wegen harter (körperlicher?) Arbeit, sich mit den anderen bezüglich der Größe des Pizzastücks absprechen solle. Ein anderer würde die Lebenshaltungskosten in der Region in die Höhe des Lohns einbeziehen.

Von denen, die beim ersten Nachfragen die Pizza nicht in drei gleiche Teile geteilt hätten (6), würden dem Nichtarbeitendem zwei weniger und zwei gar nichts geben, weil es dem Arbeitenden gegenüber nicht fair wäre oder weil man ihn nicht „durchfüttern" solle (Ausnahme: psychischer Grund). Der Arbeitende bekäme mehr oder zwei Drittel. Der Behinderte einmal ein Drittel, „mittel"-viel oder das gleiche wie der Arbeitende. Eine Befragte ruderte auf Grundbedürfnisse angesprochen doch zurück und hätte die Pizza in diesem Fall in drei gleiche Teile geteilt. Manche thematisieren auch Gehaltsunterschiede zwischen verschiedenen Berufsgruppen. Zweimal wird die Notwendigkeit erwähnt, Menschen in der Pflege besser als jetzt zu bezahlen: In einer Nennung auf einem „wertschätzendes Level", weil der gesellschaftliche Beitrag höher als zum Beispiel bei einem Fußballprofi sei, und dieses Beispiel für den Befragten zeigt, dass der Markt nicht alles regeln könne. Zweimal wird die Berufsgruppe der Ärzte im Zusammenhang mit guter Bezahlung genannt, was als gerechtfertigt betrachtet wird im Vergleich mit der Berufsgruppe der Kassierer oder der Bürokaufleute. Ein Befragter sagt, dass Leute mit höherer Qualifikation und längerer Ausbildung besser bezahlt werden müssen. Mehrmals wird erwähnt, dass sich jeder auch mal „etwas leisten können" solle. Eine Befragte sagt, dass man niemals gerecht sein könne.

2.12 Medien

Von den Befragten trauten 13 von 24 Personen (ohne Testinterview) den klassischen Medien (öffentlich-rechtliches Fernsehen, Radio oder bekanntere Zeitschriften) mehr als dem Internet oder den Social Media. Acht Jugendliche legten sich nicht genau fest, nutzen beides parallel oder fühlen sich medienkompetent genug, um mit Social Media umzugehen. Ein Befragter glaubt niemandem, ein zweiter traut nur seinem Gefühl. Ein Befragter traut bestimmten sozialen Medien mehr als den Öffentlich-Rechtlichen.

Das Vertrauen in klassische Medien ist von folgenden positiven Annahmen abhängig: man findet dort geprüfte Informationen, es wird in größerer Ausführlichkeit berichtet, Berichte beruhen auf vernünftiger Recherche, es findet eine Kontrolle statt („es liest noch wer drüber"), die Zuverlässigkeit, was Fakten betrifft, ist größer und Neutralität wird angestrebt. Als vertrauenswürdige Medien werden namentlich genannt: ARD (1 Nennung), Tagesschau (1 Nennung), Die Süddeutsche (2 Nennungen), Die Zeit (1 Nennung), Spiegel (1 Nennung), BILD (1 Nennung), Faktencheck (1 Nennung). Ohne Wertung genannt werden FAZ (1 Nennung) und BILD (1 Nennung). Kritisch gesehen wird das Privatfernsehen (1 Nennung) und die BILD (1 Nennung). Kritisiert an der Presse wird: „Übertreibungen in der Berichterstattung", „nicht der Wahrheit entsprechende Berichterstattung", „Berichterstattung ist nur

„Blödsinn" (Beispiel: dramatisierte unwahre Geschichte)", „von wirtschaftlichen Zwänge beeinflusste Berichterstattung (Clicks generieren, Geld verdienen, Zeitung verkaufen)", „Einseitigkeit in der Berichterstattung", „Vermittlung eines bestimmten Weltbildes", „zu wenig Orientierung an Themen, die junge Menschen interessieren", „zu viel Unterhaltung beziehungsweise Werbung bei Privatsendern". Ein Befragter würde in der Presse neben der Art von Zeitung auch überprüfen, welcher Journalist den Beitrag geschrieben hat. Zwei Befragte schlugen vor, die Rundfunkgebühren abzuschaffen. Misstrauen in Social Media wurde begründet mit: „Gefahr auf Fake News und Lügen zu treffen" (10 Nennungen), „der Urheber ist unbekannt", „die Berichterstattung ist ungeprüft", „Informationen sind ungefiltert", „die Wahrheit wird verzerrt dargestellt", „Informationen werden schnell oder zu schnell verbreitet", „jeder hat Zugriff", „enthält Verschwörungstheorien oder staatsfeindliche Inhalte", „schlecht recherchierte Berichterstattung durch andauerndes und schnelles Posten".

Nützlich empfunden werden Social Media aus folgenden Gründen: „(ungefilterte) Meinungen von Leuten können bereichernd sein", „die Berichterstattung kann ggf. direkter und näher am Geschehen sein", „man trifft auch auf Richtiges, auf gute Informationen zwischen falschen", „man kann Menschen finden, mit denen man sehr übereinstimmt". Ein Befragter vertraut bestimmten YouTube Coaches mehr als dem Öffentlich-Rechtlichen Fernsehen.

Namentlich erwähnte Social Media-Kanäle sind: Instagram (4 Nennungen), Twitter (2 Nennungen), YouTube (1 Nennung), Facebook (1 Nennung), TikTok (1 Nennung) und Reddit (1 Nennung).

2.13 Verfassungsstaat

Von den 25 Befragten sagten acht Personen, dass sie nicht wissen, was ein Verfassungsstaat ist. Zwei Befragte definierten den Verfassungsstaat einfach als Staat mit Verfassung. Zwei weitere Befragte assoziierten damit die Existenz von Gesetzen und Gerichten. Mehrere andere machten zusätzliche Angaben, aus denen sich schließen lässt, dass sie bei Verfassungsstaat den freiheitlich-demokratischen Rechtsstaat westlicher Prägung meinten, indem sie zum Beispiel anmerkten, dass dieser in Deutschland verwirklicht ist, aber nicht unbedingt in anderen Ländern (2 Nennungen). Viele erwähnten, dass es sich um eine Verfassung handelt, die tatsächlich auch Wirkungsmacht besitzt. Hierzu gehört, dass „von ihr alles abgeleitet" oder „nach ihr strukturiert ist", dass man „nach ihr arbeitet oder lebt", „dass man sich an sie hält" oder dass sie „aktiv eingesetzt" wird.

Zwei Jugendliche nannten die Grundrechte oder das Grundgesetz, setzen also ein werteorientiertes rechtsstaatliches Verfassungsverständnis mit Rückgriff auf naturrechtliches Gedankengut voraus. Die Begrenzung der Herrschaftsmacht der an die Verfassung gebundenen Staatsgewalt erwähnten zwei Befragte, indem sie zum Beispiel die Einschränkung politischer Willkür durch die Möglichkeit einer Klage vor dem Bundes- oder Landesverfassungsgericht beschrieben. Ein Befragter assoziierte mit dem Begriff Verfassungsstaat die fünf Verfassungsorgane der Bundesrepublik Deutschland und nannte Bundestag und Bundesverfassungsgericht.

2.14 Volkssouveränität

Mehr als die Hälfte der befragten Jugendlichen, genauer 14 von 25 Befragten, sagten, dass sie nicht wissen oder definieren können, was Volkssouveränität ist. Von diesen 14 gaben aber sechs Personen an, den Begriff schon einmal gehört zu haben oder zu kennen. Die anderen elf Jugendlichen versuchten zu erklären, was Volkssouveränität bedeutet. Dabei lagen sieben Personen richtig. Genannt wurde, dass das Volk Träger der Staatsgewalt ist, die Macht oder die Souveränität beim Volk liegt, das Volk sich selbst vertritt, sich selbst regiert oder die Entscheidungen trifft. Außerdem thematisiert wurde die Spannung zwischen Mitbestimmung des Einzelnen/ Volksentscheiden und Wahlen/Repräsentation (in der parlamentarischen Demokratie), mit dem Ziel einen funktionierenden Staat zu erreichen. Zweimal wird auch die Souveränität des Volkes der eines Monarchen oder eines Machthabers durch Geburt entgegengesetzt. Zwei Befragte verwechseln die Volkssouveränität mit u.a. der äußeren Souveränität von Staaten, also ihrer Unabhängigkeit und Gleichheit in internationalen Beziehungen. In diesem Zusammenhang wird die EU erwähnt. Auch die Souveränität von Menschen, Selbstbestimmung und Einzigartigkeit werden thematisiert. Eine Befragte assoziiert mit dem Begriff Zusammenarbeit des Volkes, „ohne dass es zu Konflikten kommt“, eine andere „irgendetwas mit Selbstentscheidung“.

2.15 Kenntnis und Vertrauen in den Bundestag und Vertrauen in die Institutionen

Der Bundestag wurde von der Mehrheit (~16 Nennungen) als der Ort beschrieben, an dem unterschiedliche Auffassungen über den richtigen politischen Weg formuliert und diskutiert werden. Dass die vielleicht wichtigste Aufgabe des Bundestages die Gesetzgebung ist, erwähnen viele (~10 Nennungen). Einige formulierten so vage, dass mir teilweise auch auf Nachfrage nicht klar wurde, ob sie tatsächlich wussten, dass der Bundestag in Deutschland die legislative Gewalt innehat: „treffen Entscheidungen, die auf die Bevölkerungen einwirken“ „besprechen aktuelle Themen, die sie umsetzen, damit sie in Kraft treten“ oder „entscheiden über aktuelle politische Themen“, (...). Eine Person nannte auch die an der Gesetzgebung beteiligten Ausschüsse, das Anhören von Interessengruppen und das Finden von Kompromissen, eine andere fügte Anhörungen in den Ausschüssen hinzu. Eine Person erwähnte den Bundesrat als am Gesetzgebungsverfahren Beteiligten. Die zweite wichtige Aufgabe des Bundestages, die Kontrolle der Regierungsarbeit, wurde nur einmal thematisiert mit der Formulierung „muss in verschiedenen Organisationen und Behörden nachschauen, dass alles nach Rechten und Gesetzen verläuft". Rechte und Instrumente, um dies zu tun, wie Kleine und Große Anfragen oder Untersuchungsausschüsse werden von niemandem erwähnt. Die Wahl des Bundeskanzlers durch den Bundestag nennt nur ein Befragter. Entscheidung über den Bundeshaushalt wurde von niemandem thematisiert, Entscheidung über Einsätze der Bundeswehr im Ausland eventuell zweimal mit der Formulierung „Internationales". Der genaue Ablauf eines Gesetzgebungsverfahrens war auf Nachfrage niemandem bekannt (wobei nur wenige dazu befragt wurden und meist dann, um herauszufinden, ob ihnen der Bundestag als legislatives Organ bekannt war). Ein Befragter hielt den Bundestag für die Exekutive (ausführende Gewalt), der den Vorschlägen der Legislative (in seiner Vorstellung war dies die Regierung) zustimmen muss. Zwar schlägt die Regierung (zum Beispiel ein Bundesministerium) in der Praxis tatsächlich oft Gesetzesentwürfe vor, ist aber nicht die Legislative. Eine Befragte dachte, dass der Bundestag nur Gesetze vorschlägt, ein anderer war sich nicht sicher, ob er abstimmen kann. Ein Befragter vermutete, dass der Bundestag oder der Bundeskanzler das neue Gesetz dem Volk verkündet. Ein anderer meinte, dass ein „Bundesminister" entscheidet, ob ein Gesetz gut ist, und es dann „rausgeht". Tatsächlich wird nach der Abstimmung im Bundestag auch der Bundesrat mit dem Gesetz befasst. Ist das Gesetz zustande gekommen, wird es von der Bundesregierung dem Bundespräsidenten vorgelegt, von diesem nach Gegenzeichnung ausgefertigt und anschließend im Bundesgesetzblatt verkündet.

18 von 25 Befragten vertrauen dem Bundesverfassungsgericht. Drei kannten es nicht. Eine Person war sich unsicher, eine Person vertraute ihm nur teilweise, weil sie es zu wenig kannte, eine andere, weil man es „übers Ohr hauen" könne. Eine weitere Person fand, es tue zu wenig, was aber auch in der Natur von Gerichten liege. Von denen, die mit Ja geantwortet hatten, schränkten einige diese Aussage ein wenig ein: eine Person fand vereinzelte Urteile fragwürdig, eine andere dachte, es gebe dort „auch nur Menschen", die nicht unfehlbar seien, eine fand, dass man es gut vor Missbrauch schützen müsse, damit es nicht zu Zuständen wie am US Supreme Court käme. Eine Person war der Ansicht, dass Deutschland insgesamt „einen guten Job" mache.

2.16 Regierung, Parteien und Politik

Der Bayerischen Landesregierung trauen 20 Befragte. Eine Person traut ihr fast immer, eine Person fühlt sich durch sie nicht immer in ihren Interessen vertreten, aber auch nicht gefährdet. Eine Person wusste nicht, was die Landesregierung ist. Eine Person traute der Landesregierung „eher nicht", eine „weniger", eine überhaupt nicht.

Der Bundesregierung trauen 17 Befragte. Einige Personen schränkten aber insofern ein, dass dies darauf ankäme, welche Parteien gerade regieren, dass man manches nicht nachvollziehen könne oder „Vertrauen ein großes Wort" sei. Eine Person merkte an, der Bundesregierung sogar mehr als der Landesregierung zu vertrauen, eine andere, dass sie sich von ihr genauso wenig wie von der Landesregierung vertreten fühle. Eine Person vertraut der Bundesregierung zum größten Teil, eine nicht ganz, drei teilweise, eine insofern, dass zu viel Versprochenes nicht umgesetzt wird, aber auch keine bewusste Desinformation betrieben werde. Eine Person, die der Landesregierung nicht traute, traut der Bundesregierung mehr.

Den Parteien trauen sehr viel weniger der Befragten. Fast jeder positiven Antwort wurde eine relativierende Erklärung nachgeschoben. Zweifel weckten Korruption, Lobbyismus, fehlende Unabhängigkeit, Skandale oder nicht eingehaltene Wahlversprechen. Misstrauen wird einmal der Partei wegen illoyalen, mit der eigenen Karriere beschäftigten, Politikern entgegengebracht. Umgekehrt wurde einmal bemängelt, dass das Handeln guter Politiker durch Parteiinteressen eingeschränkt werde. Einige trauen nur den Parteien, die sie wählen würden, andere „einigen Parteien" nicht. Als nicht vertrauenerweckend genannt werden undemokratische oder extremistische Parteien (1 Nennung), kleine unseriöse (1 Nennung) und die AfD (2 Nennungen). Es wird aber auch gesagt, dass das Parteienprinzip grundsätzlich gut ist, dass Parteien „für etwas stehen" oder man froh ist, dass es welche gibt.

Von den befragten Jugendlichen sagten vier, dass Politiker oder Parteien im Sinne derer handeln, die sie gewählt haben, und nicht gelenkt werden, ohne diese Aussage auf irgendeine Weise einzuschränken. Andere sahen dies grundsätzlich auch so, nannten aber Faktoren, die das Handeln von Politiker*innen einschränken können. Teilweise befinden sich diese im demokratischen Rahmen, teilweise nicht. So wurde der Ausdruck „gelenkt" sehr unterschiedlich interpretiert. Andere Befragte gaben an, dass Politiker gelenkt (5 Nennungen) oder teilweise gelenkt werden, aber bei genauerem Nachfragen ergaben sich Zirkelschlüsse beziehungsweise kam man dann zum Ergebnis, dass Politiker doch nicht gelenkt werden. Häufiger wurde erwähnt, dass Wahlversprechen nicht eingehalten werden. Als „Lenkende" oder „lenkende Faktoren" werden genannt: Politiker*innen in höheren Ämtern, Politiker*innen mit mehr Erfahrung, die öffentliche Meinung, Influencer*innen (besonders als Beeinflussung von Jungpolitikern), andere Parteien, Wähler*innen der Opposition/anderer Parteien, allgemein Interessenkonflikte, die wirtschaftliche Situation, internationale Beziehungen, die Europäische Union, die Krankenkassen oder der Staat. Faktoren, die man als demokratieschädigend einordnen könnte, sind folgende Nennungen: Lobbyismus ohne Gegenlobby, bei dem Politiker*innen gezielt desinformiert werden, Bestechung und Beeinflussung durch Geld (6 Nennungen). Auf Nachfrage wurden als Verantwortliche genannt: Industrien, Unternehmen, Organisationen, die Lobby gegen den Kohleausstieg. Auch die Gefahr, dass die Medien Teil der Bestechung sind, wird gesehen. Außerdem wird Politiker*innen mit Skepsis begegnet, die Ruhm oder ihre persönliche Bekanntheit über politische Ziele stellen oder „abgehoben“ seien. Ein Befragter schränkt die Lenkung auf einige „schwarze Schafe“ ein.

2.17 Verschwörungsglaube und damit verbundener Antisemitismus

Vier Befragte distanzierten sich bei der Frage zur „Lenkung“ von Verschwörungserzählungen. Ein Befragter vertrat die Ansicht, dass Politiker von Industrien gelenkt oder bestochen werden, Geld und Macht dabei eine Rolle spielen und auch die Presse auf deren Seite gezogen sei. An anderer Stelle hatte er geäußert, dass zu vermeiden sei, dass man als Staat wie eine „Marionettenpuppe“ gelenkt werde und die Situation Ungeimpfter während der Corona-Pandemie auf die Manipulierung von Menschen und die Diskriminierung von Minderheiten während des Nationalsozialismus übertragen. Bei dem Bild der „Marionettenpuppe“ handelt es sich um die bewusste oder unbewusste Verwendung einer antisemitischen Chiffre zur sogenannten „Jüdischen Weltverschwörung“ (Rias 2021). Die Gleichsetzung der Situation von Ungeimpften während der Pandemie verharmlost die Verbrechen der NS-Zeit, nämlich die politische Verfolgung und Ermordung Andersdenkender und den Völkermord an sechs Millionen Juden.

2.18 Einfluss auf die Politik üben

Die meisten der befragten Jugendlichen, genau 22, woll(t)en mit ihrer Wahl Einfluss auf die Zusammensetzung der Regierung nehmen, damit eigene politische Interessen berücksichtigt werden. Drei der Befragten schränkten ihre Aussage insofern ein, dass sie mit ihrer Wahl auch ein bisschen Kritik üben wollen würden. Ein Befragter will nicht wählen, weil er nicht weiß, wen. Zwei gaben an, mit ihrer Wahl Kritik an der Politik ausdrücken zu wollen, nach genauerer Nachfrage entschieden aber auch sie sich für „Einfluss nehmen“. Das Mittel der Protestwahl spielt für die Befragten also eine geringe bis keine Rolle.

Das Thema Partizipation von Jugendlichen wurden in 22 Interviews, mit Fokus auf die unter 18-jährigen, abgefragt. Auf die Frage, ob sie gerne mehr einbezogen werden würden, antworteten drei Jugendliche, dass sie im Moment nicht so sehr eingebunden werden müssten oder froh seien, noch nicht wählen zu müssen, einer davon will sich auch in Zukunft aus der Politik „raushalten“.

Darüber hinaus wurden Vorschläge gemacht, wie man Jugendliche mehr in die Politik einbeziehen könnte. Hierzu kamen folgende Ideen: „die Gründung von Jugendparteien oder Jugendorganisationen“, „das Eintreten in Jugendparteien“, „spezielle Umfragen nur bei Jugendlichen“, „Gespräche an Schulen“, „eine Seite einrichten, auf der Jugendliche ihre Interessen äußern können (digital)“, „mehr Präsenz von Parteien auf Social Media (statt Stände in der Stadt)“, „Eintritt in Vereine, Organisationen“, „Jugendwahlen“, „Juniorwahl an Schulen“ oder die „Teilnahme an Demonstrationen“. Auch gab es den Wunsch nach mehr „Informationen über den Bundestag“ oder die „Vereinfachung von Praktika bei Politiker*innen“. Auch sollten „Politiker*innen mehr in die Schulen gehen“ oder „Schüler*innen sollen mehr Anträge an den Bundestag, den Landtag oder die Stadt stellen (zum Beispiel über eine Jugendpartei)“. Ein weiterer Vorschlag war, „selbst ein Anliegen im Bezirksausschuss vorzubringen“. Gewünscht wurde, die „Hürden zum Einstieg in die Politik zu senken“, weil diese zu hierarchisch organisiert sei, „mehr Informationen zu Wahlprogrammen“ oder „mehr politische Bildung oder Sozialkundeunterricht“ zu erhalten, um sich früher eine Meinung bilden zu können. Ebenfalls willkommen wären „Angebote, um diskutieren zu lernen“. Auch sollten „bestehende Angebote bekannter gemacht werden“, zum Beispiel die Möglichkeit, an Schülerparlamenten mitzuwirken.

Priv.-Doz. Dr. KARIN B. SCHNEBEL / CORINNA WAGNER

3. Interviews

15 Jahre alt

3.1 Sabrina: Beim Homeschooling hat was gefehlt

Sabrina, weiblich, 15 Jahre, Realschule, Ort mit 13.000 Einwohnern, Juli 2022

Ich will jetzt nicht sagen, dass die Pandemie nicht gut gegangen ist, aber es hat was gefehlt, wenn man die ganze Zeit zu Hause mit Homeschooling war …

Was bedeutet für Dich Demokratie?

In einer Demokratie kann jeder seine Meinung frei sagen, ohne dass er dafür verurteilt wird; außerdem kann jeder an der Gemeinschaft teilnehmen, ohne dass er eingeschränkt wird.

Sprichst Du oft über Politik und hast Du den Eindruck, dass Du in Deutschland Deine Meinung wirklich frei sagen kannst?

Ich würde nicht sagen, dass ich oft über Politik rede, wenn das Gespräch auf Politik kommt, dann rede ich mit, aber so an sich kann ich meine Meinung sagen.

Findest Du es gut, dass wir in einer Demokratie leben?

Ja, ich finde es gut, weil dadurch auch vereinfacht wird, miteinander zusammen zu leben.

Fühlst Du Dich durch den Staat repräsentiert?

Ja, das würde ich schon sagen.

Bist Du politisch aktiv?

Nein.

Bist Du Mitglied in einer Partei?

Nein.

Engagierst Du Dich in einer Organisation, das kann auch ein Verein oder Orchester, etc. sein?

Nein.

Bist Du religiös?

Ja.

Bist Du in der Kirche?

Ja. Ich bin Römisch-katholisch.

Und bist Du da auch irgendwie engagiert oder dabei?

Ich war für vier Jahre Ministrant.

Und jetzt gerade nicht mehr?

Nein.

Gehst Du denn noch regelmäßig hin?

Zu Festen gehe ich immer hin, ansonsten nur hin und wieder.

Was ist für Dich das wichtigste Thema, um das sich die Politik dringend kümmern müsste?

Ich würde sagen, das Energieproblem. Wir sollten versuchen, jetzt auf die erneuerbaren Energien umzusteigen und das Problem mit den steigenden Preisen beheben.

Was würdest Du in der Politik verändern?

Ich würde sagen, dass mehr auf die Meinung der Bevölkerung geschaut werden soll. Ich meine, dass die Bevölkerung öfter befragt wird.

Was würdest Du sofort abschaffen, wenn Du könntest?

Da fällt mir jetzt gerade nichts ein.

Fühlst Du Dich in der Bundesrepublik Deutschland diskriminiert?

Nein.

Hast Du Diskriminierung von Leuten aus Deinem Freundeskreis oder im Umfeld erlebt?

Ja.

Was zum Beispiel war das?

Ein Freund von mir ist homosexuell und der hat sich schon Kommentare dazu anhören müssen.

Was hältst Du vom Grundgesetz der Bundesrepublik Deutschland?

Ich finde es gut, dass es existiert, weil die Menschen dadurch einen Leitfaden haben und wissen, woran sie sich halten müssen und welche Rechte sie haben.

Oben wolltest Du mehr Befragungen der Bevölkerung. Hättest Du also gerne mehr Volksentscheide (direkte Demokratie)?

Ja.

Warum? Was würdest Du zum Beispiel abstimmen lassen?

Ich hätte es gut gefunden, wenn während der Coronazeit die Bevölkerung mehr einbezogen worden wäre. Also man hätte die Maßnahmen abstimmen lassen können.

Wie genau meinst Du das?

In der Zeit, wo die Kontakte eingegrenzt waren, hätte man nachfragen können, wie es den Menschen damit geht und ob man doch nicht etwas mehr lockert, so dass sich die jungen Menschen mehr treffen können, weil alle sehr unter der Situation gelitten haben.

Ist es vielen in Deinem Umfeld nicht gut gegangen während der Pandemie?

Während der Pandemie hat einfach etwas gefehlt, wenn man die ganze Zeit zu Hause war, und außerdem war Homeschooling. Man hat sich mit niemandem getroffen, und das war schon schwierig, weil man keinen Austausch mit den Freunden hatte, oder eben nur übers Internet, aber nicht persönlich.

Was heißt für Dich Freiheit?

Dass man frei entscheiden kann, wie man sein Leben gestaltet, und man so die wichtigsten Schritte im Leben ohne jegliche Einschränkungen machen kann.

Ab welchem Punkt hättest Du Dich denn während der Coronapandemie eingeschränkt? Ab wann hättest Du gesagt, ich nehme Rücksicht, und ab wann sagst Du, jetzt reicht es.

Also am Anfang hatten es ja zunehmend die älteren Personen und da habe ich dann aufgepasst, bevor ich mich zum Beispiel mit Oma und Opa getroffen habe. Da habe ich einen Test gemacht. Also ich finde es schon wichtig, dass man dann auf die älteren Personen aufpasst, weil es schade wäre, wenn die im Krankenhaus liegen würden, aber was ich zum Beispiel übertrieben fand, waren die Kontaktbeschränkungen über so eine lange Zeit, weil es gerade für die 3- bis 10-jährigen schwierig war, weil die überhaupt gar keinen Austausch mit Gleichaltrigen hatten.

Hast Du Erfahrungen, also zum Beispiel kleinere Geschwister, oder hast Du mitbekommen, dass es Probleme gab?

Im Bekanntenkreis würde ich jetzt mal so sagen, weil da … also eine Bekannte von uns hat zwei kleine Kinder und die waren normalerweise immer an einem Tag in der Woche mit ihren Freunden auf dem Spielplatz, und das war dann nicht mehr möglich. Und da musste man sich überlegen, wie man die Kinder zu Hause beschäftigen kann.

Was heißt für Dich Gleichheit oder Gerechtigkeit? Nehmen wir mal an, Du hast eine Pizza und drei Männer und Du musst die Pizza aufteilen. Der erste Mann arbeitet, der zweite arbeitet nicht, der Dritte arbeitet nicht, weil er eine Behinderung hat. Wie würdest Du die Pizza aufteilen?

Ich denke, ich würde trotzdem die Pizza in gleich große Teile aufteilen, weil ja trotzdem mal anzunehmen ist, dass jeder Hunger hat, und dann fände ich es unfair, wenn zum Beispiel der, der arbeitet, weniger bekommt, nur weil er selbst Geld verdient.

Und wenn es jetzt darum ginge, nicht Essen zu verteilen, sondern wenn es darum ginge, dass Du Löhne oder Geld verteilst, wie würdest Du das aufteilen?

Dann würde ich dem behinderten Menschen wahrscheinlich etwas mehr geben wie den anderen, weil der ja selbst nicht oder nur eingeschränkte Möglichkeiten hat, selbst arbeiten zu gehen, und dann würde ich ihm mehr unter die Arme greifen, als dem, der selbst arbeitet und ein Einkommen hat.

Der, der arbeitet, kriegt Lohn, und der, der nicht arbeitet, kriegt wahrscheinlich Sozialleistungen, sollen die genauso hoch sein wie von demjenigen, der arbeitet?

Ich würde schon sagen, dass Menschen, die einen Grund dazu haben, dass sie nicht arbeiten gehen können, eine ausreichende Vergütung bekommen für Wohnung, Essen und um ein „anständiges Leben" führen zu können.

Glaubst Du, dass im Internet eher die Wahrheit zu finden ist als in den Medien? Mit Medien meine ich klassische Zeitungen, öffentlich-rechtliches Fernsehen und auch deren Internetauftritte, mit Internet meine ich tendenziell Social Media, also alles was ungeprüft ist und nicht von der klassischen Presse kommt.

Dann würde ich sagen, mehr so das Geprüfte in den Zeitungen und im Fernsehen, weil man auf Social Media nie weiß, wo die Information herkommt und ob die dann auch stimmt.

Weißt Du, was ein Verfassungsstaat ist?

Das ist ein Staat, der Gesetze erlässt und damit das Leben der Bevölkerung bestimmt.

Weißt Du was Volkssouveränität bedeutet?

Das bedeutet, dass das Volk untereinander und miteinander arbeiten soll und in manchen Fällen auch muss, ohne dass es zu Konflikten kommt.

Was, glaubst Du, macht der Bundestag?

Der erlässt Gesetze und muss in verschiedenen Organisationen und Behörden schauen, dass alles nach den Rechten und Gesetzen läuft.

Vertraust Du dem Bundesverfassungsgericht?

Ja.

Der Landesregierung?

Ja.

Der Bundesregierung?

Ja.

Parteien allgemein?

Ja.

Glaubst Du, dass Parlamente / Politiker im Sinne derer handeln, die sie gewählt haben oder anderweitig gelenkt werden?

Ich würde sagen zum Teil.

Und wer würde die lenken?

Zum Beispiel der Bundeskanzler.

Aber der ist ja auch gewählt.

Dann noch der Bundespräsident; der wirft da noch ein Auge drauf und gibt Impulse dazu.

Okay, also eher wie eine Kontrolle oder glaubst Du, der kommt und sagt: „Folgendermaßen, morgen entscheidet Ihr so und so"?

Ich würde sagen, mehr wie eine Kontrolle.

Wie eine Kontrolle? Also im legalen Rahmen oder meinst Du ...?

Ja.

Also es sind alle gewählt, von denen Du gerade gesprochen hast, aber meinst Du, dass jemand denen sagt, was sie tun sollen, der nicht gewählt ist?

Ich denke nicht.

Was wolltest Du, wenn Du wählen könntest, mit Deiner Wahl erreichen? Einfluss auf die Zusammensetzung der Regierung, damit eigene politische Interessen berücksichtigt werden, oder Kritik an der Politik ausdrücken?

Das erste.

Da Du noch nicht wählen darfst; würdest Du gerne mehr eingebunden werden und wie?

Ich fände es nicht schlecht, wenn die – sag ich mal – nichtwahlberechtigten Personen auch einbezogen werden würden, weil die Jugend eine eigene Meinung hat wie die Erwachsenen über 30 oder über 40 Jahren. Und da fände ich es nicht schlecht, wenn es Möglichkeiten gäbe für die Jugendlichen, sich mehr zu beteiligen.

Hast Du da irgendeinen Vorschlag, wie man das machen könnte?

Man könnte Parteien für Jugendliche gründen, die dann auch gefragt werden würden oder durch Abstimmungen ihre Meinung beitragen können.

Also, es gibt ja die Jugendorganisationen von den Parteien, da kann man eintreten. Und ansonsten wärest Du für Jugendparlamente? Oder was gäbe es für Möglichkeiten?

Jugendparlamente würde ich jetzt nicht sagen, aber vielleicht, dass man für die Bevölkerung Befragungen veranlasst, die dann auch in den Abstimmungen zu berücksichtigen werden.

Unter Jugendlichen und dann wird das immer vorgelegt?

Ja.

Wer sollte alles Wahlrecht haben?

Ich finde, alle Personen ab 18 Jahren.

Also, Du findest es so passend, wie es jetzt ist in Deutschland?

Ja, ich würde schon sagen.

3.2 Eleamalou (Malou): 20 Prozent Frauenquote ist zu wenig

Eleamalou, weiblich, 15 Jahre, Gymnasium, Großstadt mit 1.578.667 Einwohnern, August 2022

So ungefähr 20 Prozent Frauenquote für die CSU ist schon ein bisschen schwach, oder?

Was bedeutet für Dich Demokratie?

Demokratie ist für mich, wenn alle Menschen in einer Regierung mitbestimmen, mitwählen oder Entscheidungen mitbestimmen dürfen. Demokratie ist auch, wenn das Volk regiert und es keinen Monarchen gibt oder jemanden, der alleine entscheidet, sondern das Volk Einfluss auf politische Entscheidungen hat. In einer Demokratie muss es zum Beispiel Wahlen geben. Da werden Vertreter vom Volk gewählt; die Regierung wird alle vier Jahre neu gewählt. Wichtig ist, dass man Einfluss hat oder dass man durch Bürgerversammlungen mitbestimmen kann.

Sprichst Du oft über Politik und hast Du den Eindruck, dass Du in Deutschland Deine Meinung wirklich frei sagen kannst?

Also ich spreche schon darüber, oft mit meinen Eltern, mit meinem Bruder, aber auch mit Freunden, aber ich habe nicht immer den Eindruck, dass ich meine Meinung jederzeit frei sagen kann. Manchmal traue ich mich nicht, einfach alles zu sagen. Wenn der ganze Freundeskreis anderer Meinung ist, dann habe ich nicht den Mut, einfach die gegenteilige Meinung zu vertreten. Aber es ist viel besser in Deutschland als in anderen Ländern. Also insofern sind wir schon ein Land der Meinungsfreiheit.

Findest Du es gut, dass wir in einer Demokratie leben?

Ja, sehr gut. In einer Monarchie kann einer allein ein ganzes Land, ein ganzes Volk oder eine ganze Generation regieren. Das kann ja gar nicht gehen. Und in einer Demokratie werden die Politiker alle vier oder fünf Jahre neu gewählt und regieren nicht ein ganzes Leben lang, und das Volk kann immer mitbestimmen, und so sind auch alle zufriedener. Und die Entscheidungen werden alle überprüft.

Fühlst Du Dich durch den Staat repräsentiert?

Nicht immer. Also natürlich, wenn das, was ich wählen würde, bei den Wahlen gewinnt, fühle ich mich schon repräsentiert. Aber wenn andere Parteien regieren, dann kann es schon sein, dass ich die Entscheidungen nicht gut finde.

Bist Du politisch aktiv?

Ja, ich bin in der Schülerunion – in der Jungen Union bin ich nicht. Die Schülerunion ist eine politische Gruppe, wo wir oft politisch diskutieren oder die CSU beim Wahlkampf unterstützen. Ich habe beim Wahlkampf 2021 mitgeholfen. Auch habe ich speziell für einen Bundestagsabgeordneten Werbung verteilt. Außerdem höre ich mit meinem Bruder öfter irgendwelche politischen Sachen oder Reden an. Auch versuche ich, durch Anträge meine Interessen für die Schulen durchzubringen. Es ist natürlich nicht gesagt, dass es gelingt, aber vielleicht irgendwann.

Bist Du Mitglied in einer Partei?

Nein, bis jetzt nicht.

Engagierst Du Dich noch zusätzlich in einer Organisation, das kann auch ein Verein oder Orchester, etc. sein?

Ich bin in zwei Orchestern, einmal Schulorchester und einmal Attacca; dann gehe ich noch ein bis zweimal pro Woche Tanzen und bin noch in der Schülerunion.

Bist Du religiös?

Ja, ich bin evangelisch.

Und da engagiert?

Ja, ich bin in der evangelischen Kirche München engagiert, genauer gesagt bei der Kreuzkirche.

Was ist für Dich das wichtigste Thema, um das sich die Politik dringend kümmern müsste?

Ich glaube, die meisten würden jetzt Klimakrise sagen, aber ich würde auch Ukrainekrieg sagen. Aber ich weiß nicht, was sie am besten gegen den Krieg tun sollten, aber ich glaube sie sollten mehr tun. Sie sollten versuchen, dass auch die Ukraine in die Europäische Union reinkommt, oder dass irgendwas gemacht wird, so dass es mit Russland nicht so weitergeht. Ich finde, Deutschland hat sehr viel Macht, und es könnte mehr getan werden.

Also in die EU sollten die kommen? Und sonst noch was?

Ich denke auch bei der Klimakrise wird zu wenig getan.

Was würdest Du in der Politik verändern?

Es sollte eine Frauenquote geben. Die 20 Prozent Frauenquote bei der CSU finde ich schon ein bisschen schwach.

Was würdest Du sofort abschaffen, wenn Du könntest?

Krieg und Diskriminierung würde ich gerne abschaffen. Und wenn ich könnte, würde ich überall versuchen Demokratie durchzusetzen. Aber das müsste dann eine funktionierende Demokratie sein, nicht nur so eine offizielle Demokratie, wo es dann eigentlich doch eine autoritäre Regierung gibt.

Fühlst Du Dich in der Bundesrepublik Deutschland diskriminiert?

Nein.

Bist Du schon mal Zeuge geworden davon, dass Leute in Deinem Freundeskreis oder im Umfeld diskriminiert worden sind?

Nur über einen Freund von einem Freund von mir, der Nachteile bekommen hat, weil er aus Afrika war. Aber habe ich sehr über Ecken gehört.

Was hältst Du vom Grundgesetz der Bundesrepublik Deutschland?

Ich finde es gut, dass es das gibt. Ich finde, es sollte auch so bleiben, wie es jetzt ist, und wenn es einmal verändert wird, soll das ganze Volk von Deutschland abstimmen, bevor es verändert wird.

Hättest Du gerne mehr Volksentscheide (direkte Demokratie)?

Ich glaube, das wäre schwierig, aber eigentlich wäre es demokratischer. Oft werden Dinge entschieden, ohne dass das Volk einbezogen wird. Zum Beispiel bestimmt der Bundestag über die Wahlen ab 16. Da würde ich gerne mitbestimmen.

Wer sollte alles Wahlrecht haben?

Alle Leute in Deutschland ab 18 Jahren. Ich finde, es sollten alle Leute ab 18 Jahren wählen können, die ca. zwei Jahre hier leben. Das mit der Staatsbürgerschaft scheint mir für die frisch Zugewanderten zu kompliziert.

Was heißt für Dich Freiheit?

Dass man auf freiwilliger Basis Dinge tun kann oder einfach nicht zu etwas gezwungen wird. Wichtig ist, dass man seine eigenen Entscheidungen treffen darf. Ich habe von jemandem gehört, der von seinen Eltern rausgeschmissen wurde, weil er schwul ist. Er konnte zwar sagen, ich bin schwul, aber wenn er von seinen Eltern rausgeschmissen wird, ist er doch nicht so frei. Er muss sich dafür schämen.

Was heißt für Dich Gleichheit oder Gerechtigkeit? Nehmen wir mal an, Du hast eine Pizza und drei Männer und Du musst die Pizza aufteilen. Der erste Mann arbeitet, der zweite arbeitet nicht, der dritte arbeitet nicht, weil er eine Behinderung hat. Wie würdest Du die Pizza aufteilen?

Über sowas habe ich schon öfter nachgedacht und ich bin zu dem Schluss gekommen, dass man nicht gerecht sein kann! Wenn man dem Mann, der arbeitet, mehr gibt, oder besser dem Mann, der behindert ist mehr gibt, dann ist es ja ungerecht ... soll der eine hungern? Das ist eine Fangfrage. Insofern würde ich wahrscheinlich einfach drei gleiche große Pizzastücke machen und sie verteilen.

Wenn Du das auf Gehälter übertragen würdest, würdest Du auch allen dreien das Gleiche zuteilen?

Eigentlich wäre es gerecht, wenn alles das Gleiche bekommen würden. Aber dann würde der, der arbeitet, nicht mehr arbeiten wollen, weil er keinen Ansporn hat. Also würde ich bei Gehältern keine Gleichverteilung wollen, aber bei der Pizza schon. Beim Behinderten ist das schwierig zu sagen.

Glaubst Du, dass im Internet eher die Wahrheit zu finden ist als in den herkömmlichen Medien? Mit Medien meine ich die klassische Presse, die Zeitungen, öffentlich-rechtliches Fernsehen und mit Internet meine ich Websites und auch Social Media.

Die herkömmlichen Medien, besonders die ersten drei Programme zeigen schon eher die Wahrheit. Bei Zeitungen bin ich mir nicht so sicher. Das wird besser überprüft, auch beispielsweise bei der Süddeutschen Zeitung. Aber wenn jetzt einfach irgendein Influencer irgendwelche Nachrichten hochstellt, dann ist es einseitig. Trotzdem: Ich glaube das oft! Aber im Allgemeinen vertraue ich eher der Zeitung oder den Nachrichten. Die berichten dann auch ausführlicher.

Weißt Du, was ein Verfassungsstaat ist?

Das ist, wenn ein Staat auf einer Verfassung also auf Gesetzen beruht. Es gibt auch ein Verfassungsgericht, das darauf schaut, ob die Gesetze eingehalten werden und das überprüft?

Was, glaubst Du, macht der Bundestag?

Der entscheidet über Angelegenheiten, die vor allem Deutschland betreffen. Manchmal sind es auch internationale Entscheidungen, aber das machen eher die Minister oder der Kanzler. Der Bundestag ist nach Parteien aufgeteilt, und da werden Dinge entschieden, also große Themen, die Deutschland betreffen, also eben sowas wie Wahlen ab 16 Jahren. Angelegenheiten, die die Schule betreffen, entscheidet nicht der Bundestag, da sind die Landtage zuständig.

Vertraust Du dem Bundesverfassungsgericht?

Ja. Das würde ich schon sagen.

Der Landesregierung?

Ja.

Der Bundesregierung?

Kommt drauf an, wer da gerade regiert. Aber prinzipiell vertraue ich schon.

Parteien allgemein?

Im Allgemeinen schon, aber ich glaube am Ende schauen die Leute vor allem auf die eigenen Interessen. Sie wollen eigene Themen an die Spitze bringen. Und deshalb glaube ich es nicht immer, wenn jemand sagt, dass er etwas nur wegen seiner Partei macht. Aber der Partei an sich vertraue ich eigentlich schon.

Glaubst Du, dass Parlamente/Politiker im Sinne derer handeln, die sie gewählt haben oder anderweitig gelenkt werden?

Wenn Politiker sich aufstellen lassen, dann handeln sie schon im Sinne derer, die sie gewählt haben, aber ansonsten werden sie von anderen auch noch geleitet oder gelenkt, vor allem von den älteren Abgeordneten.

Und von wem werden Politiker gelenkt?

Das können bei jungen Menschen auch mal Influencer wie Rezo sein, denn ihm folgen viele.

Also glaubst Du, dass ein junger Abgeordneter sich von Rezo stark beeinflussen lässt?

Nicht direkt, aber Leute, die mit 27 in den Bundestag kommen, die wollen vielleicht auch den Einfluss von Rezo abbekommen. Andererseits glaube ich, dass man als Politiker schon eine Persönlichkeit entwickelt hat; denn wenn man soweit hochkommt, lässt man sich nicht mehr so schnell beeinflussen.

Wenn Du wählen könntest, was wolltest Du mit Deiner Wahl erreichen? Einfluss auf die Zusammensetzung der Regierung, damit eigene politische Interessen berücksichtigt werden, oder Kritik an der Politik ausdrücken?

Erstes.

Du darfst aber noch nicht wählen, würdest Du gerne mehr eingebunden werden und wie?

Ich würde schon gerne mehr eingebunden werden. Vielleicht sollte es einfacher sein, mehr von der Politik mitzubekommen. Es sollte beispielsweise einfacher sein, im Bundestag ein Praktikum zu machen. Jüngere Leute könnten so auch mehr Einfluss auf die Politik haben.

Hast Du eine Idee, wie man das organisieren könnte?

Wenn mehr Anträge von jungen Menschen in die Diskussionen im Bundestag eingebunden werden würden. Oder wenn die Anträge, die wir in der Schülerunion stellen, im Landtag diskutiert oder angenommen werden und wir das mitbekommen. Wenn man will, dass Anträge weiterkommen, muss man gute Beziehungen haben, so dass man von seiner Partei unterstützt wird. Aber die weisen einen Antrag meistens vorher ab und das ist ein komplizierter Weg, bis man seine eigenen Anträge in ein Parlament bekommt. Also ich kenne das, weil ich Antragsbeauftragte und neuerdings zweite Vorsitzende von der Schülerunion bin, und in dieser Rolle hat man sogar gute Möglichkeiten. Vielleicht müssten wir vor dem Antrag mehr Stimmen sammeln.

Was habt Ihr zum Beispiel beantragt?

Wir haben beispielsweise beantragt, dass die Lernplattform „Teams“ weiterverwendet wird. Dieser Antrag wurde aber von mehreren Seiten gestellt. Ich habe mal einen Antrag gestellt, dass U-Bahn-Tickets günstiger werden, und das habe ich sogar durchbekommen, mit noch ein paar anderen zusammen. Das heißt der Stadtrat hat es in eine Abstimmung getragen und wir sind informiert worden.

Und wo hast Du den Antrag gestellt?

Also das mit dem MVV war natürlich beim Münchner Stadtrat, und das mit Teams war im Landtag. Ich habe guten Kontakt zu Landtagsabgeordneten.

16 Jahre

3.3 „Herrschaft des Volkes" bedeutet für mich freie Meinungsäußerung

Männlich, 16 Jahre, Mittelschule, Ortsteil einer Gemeinde mit mehr als 8000 Einwohnern, Februar 2022

Also dass jeder seine freie Meinung äußern kann.

Was bedeutet für Dich Demokratie?

Also das bedeutet allgemein „Herrschaft des Volkes", also dass jeder seine Meinung äußern kann

Was bedeutet für Dich Demokratie?

Demokratie bedeutet „Herrschaft des Volkes", also dass jeder seine Meinung äußern kann und dass man zum Beispiel auch bei Wahlen mitbestimmen darf.

Sprichst Du oft über Politik und hast Du den Eindruck, dass Du Deine Meinung frei sagen kannst?

Über Politik spreche ich nicht oft.

Glaubst Du, dass Du Deine Meinung frei sagen kannst?

Ja.

Findest Du es gut, dass wir in einer Demokratie leben?

Klar finde ich es gut, weil man seine Meinung äußern kann.

Fühlst Du Dich durch den Staat repräsentiert?

Was meinen Sie mit „repräsentiert"?

Du bist ja nicht selbst im Parlament, sondern da sind Leute für Dich. Findest Du, dass die das machen, was Dir wichtig ist? Oder findest Du, dass dies falsch organisiert ist?

Ich habe damit eigentlich nicht so viel zu tun.

Also vertraust Du denen?

Eigentlich schon, aber die entscheiden ja selber.

Bist Du politisch aktiv?

Nein.

Bist Du Mitglied in einer Partei?

Nein.

Engagierst Du Dich in einer Organisation, das kann auch ein Verein oder Orchester, etc. sein?

Nein.

Hast Du irgendein Hobby?

Ja, Fußball.

Bist Du religiös?

Ja, katholisch.

Was ist für Dich das wichtigste Thema, um das sich die Politik dringend kümmern müsste?

Zurzeit ist das wichtigste Thema Corona.

Was sollten die da machen? Wie sollen sie sich kümmern Deiner Meinung nach?

Das weiß ich nicht.

Was würdest Du in der Politik verändern?

Verändern – also, dass noch mehr auf die Leute eingegangen wird, dass man da noch mehr Mitspracherecht hat, würde ich sagen. Oder dass vielleicht alle an einem Strang ziehen.

Bei welchem Thema zum Beispiel?

Zum Beispiel Corona, dass man sich einigt. Vielleicht sollte man einfach die Mehrheit berücksichtigen.

Was würdest Du sofort abschaffen, wenn Du könntest?

Da fällt mir jetzt im Moment nichts ein.

Fühlst Du Dich in der Bundesrepublik Deutschland diskriminiert?

Nein.

Hast Du Diskriminierung von Leuten aus Deinem Freundeskreis oder im Umfeld erlebt?

Nein.

Was hältst Du vom Grundgesetz der Bundesrepublik Deutschland?

Das Grundgesetz … ehrlich gesagt, weiß ich nicht, was es genau beinhaltet.

Hättest Du gerne mehr Volksentscheide (direkte Demokratie)?

Ich glaube das wäre gut.

Also, auch für komplizierte Themen?

Ja, ich würde sagen, das gehört dazu.

Was heißt für Dich Freiheit?

Dass man machen kann, was man will, und dass man sich an keine Regeln halten muss.

Auch zum Beispiel seine Meinung sagen oder den Beruf frei wählen oder sowas?

Ja, genau, das ist alles.

Ab wann, findest Du, muss man zurückstecken? Also zum Beispiel bei den Coronaregeln sagen viele Leute, die Freiheit wird ihnen eingeschränkt.

Bei Corona muss man natürlich oft zurückstecken und sich an die Regeln halten. Dann ist man halt nicht mehr ganz so frei. Aber wenn's jetzt nicht unbedingt sein muss, dann kann man ja frei sein.

Was heißt für Dich Gleichheit oder Gerechtigkeit? Nehmen wir mal an, es gibt drei Männer und eine Pizza, und der eine von den Männern arbeitet, der zweite nicht und der dritte arbeitet nicht, weil er eine Behinderung hat. Wie würdest Du jetzt diese Pizza aufteilen?

Für alle gleich, weil jeder gleichberechtigt ist und nicht wegen Arbeitslosigkeit oder Behinderung benachteiligt werden darf. Ich finde, jeder sollte gleichbehandelt werden.

Glaubst Du, dass im Internet eher die Wahrheit zu finden ist als in den herkömmlichen Medien?

Hm, teils teils, weil im Internet gibt's ja auch Fake News, also Seiten, die Lügen verbreiten, und in den Medien ist es eigentlich ... also manchmal übertreiben sie vielleicht würde ich jetzt sagen.

Was ist ein Verfassungsstaat?

Ein Staat, der Gerichte macht? Also die Gesetze, meine ich.

Weißt Du, was Volkssouveränität bedeutet?

Nein.

Was, glaubst Du, macht der Bundestag?

Der Bundestag, der schlägt Themen vor, die abgestimmt werden, oder er stimmt selber ab.

Ist es so, als ob wir zwei uns jetzt abstimmen, oder haben Abstimmungen im Bundestag Folgen?

Die bestimmen die Regeln und dann müssen die das dem Volk verkünden.

Und dann ist das eine Regel? Oder wer setzt das durch, was die entscheiden?

Ich würde sagen, der Bundeskanzler.

Vertraust Du dem Bundesverfassungsgericht?

Ja, also damit habe ich nicht so viel zu tun, also kann ich nicht so viel dazu sagen.

Der Landesregierung?

Ja, eigentlich schon.

Der Bundesregierung?

Ja, zum größten Teil, aber hundertprozentig nicht.

Parteien allgemein?

Ich glaube nicht alles, was zum Beispiel in den Medien kommt.

Glaubst Du, dass Parlamente/Politiker im Sinne derer handeln, die sie gewählt haben, oder anderweitig gelenkt werden? Wenn ja, von wem?

Keine Ahnung.

Also, Du wählst jetzt jemanden, sagen wir, Du wählst die CSU und ich wähl die SPD, und jetzt ist die Frage, macht jetzt der SPD-Politiker das, was er mir versprochen hat, zumindest so ungefähr. Die müssen erst Kompromisse finden, aber glaubst Du, der versucht das zu machen, was ich will, oder glaubst Du, irgendjemand sagt dem, was er tun soll?

Das was er in seiner Rede hält, bevor er Bundeskanzler wird; ich denke, das versucht er dann schon umzusetzen.

Was willst Du mit Deiner Wahl erreichen, wenn Du wählen würdest? Einfluss auf die Zusammensetzung der Regierung, damit eigene politische Interessen berücksichtigt werden, oder Kritik an der Politik ausdrücken?

Ich würde die Partei wählen, die meine Interessen vertritt.

Wer sollte alles Wahlrecht haben?

Also, ich finde es gut, dass es ab 18 Jahren ist, weil wenn man jünger ist, interessiert man sich noch nicht so sehr für Politik und wählt dann vielleicht, was die anderen wählen, oder so.

Und gibt es sonst noch jemanden, der hier in Deutschland lebt, der noch wählen sollte, der nicht wählen darf? Also, die unter-18-Jährigen waren jetzt eine Gruppe.

Da fällt mir keiner ein.

Nun darfst Du noch nicht wählen. Wie sonst würdest Du gerne gehört werden? Hast Du eine Idee für Jugendliche? Dass die nicht überhört werden?

Das ist eine gute Frage. Vielleicht sollte es eine Seite geben, wo Jugendliche ihre Interessen äußern können.

Also, digital hättest Du es gerne?

Ja, genau.

3.4 Paulina: Ich möchte nicht unterdrückt werden

Paulina, weiblich, 16 Jahre, Realschule, Ort mit 13.000 Einwohnern, Juli 2022

Natürlich finde ich das gut, weil ich nicht unterdrückt werden möchte

Was bedeutet für Dich Demokratie?

Demokratie bedeutet für mich, dass sehr viele Leute ihre Meinung frei äußern dürfen und auch das Recht dazu haben, eine Regierung, also wichtige Entscheidungen mitbestimmen dürfen.

Sprichst Du oft über Politik und hast Du den Eindruck, dass Du in Deutschland Deine Meinung wirklich frei sagen kannst?

Ich habe schon den Eindruck, dass ich meine Meinung frei sagen darf, aber ich habe mich bis jetzt noch nicht mit Politik beschäftigt und kenne keinen, der sich dafür interessiert.

Findest Du es gut, dass wir in einer Demokratie leben?

Natürlich finde ich das gut, weil ich möchte nicht unterdrückt werden oder dass mir jemand vorschreibt, was ich zu tun habe.

Fühlst Du Dich durch den Staat repräsentiert?

Eigentlich schon. Ich kenne aber kein Beispiel.

Bist Du politisch aktiv?

Nein.

Bist Du Mitglied in einer Partei?

Nein.

Engagierst Du Dich in einer Organisation, das kann auch ein Verein oder Orchester, etc. sein?

Nein.

Bist Du religiös?

Ja, also ich bin Christin, aber ich gehe nicht jeden Sonntag in die Kirche. Aber ich glaube schon, dass es sowas wie Gott gibt.

Und Du bist Mitglied in der Kirche?

Ja.

Katholisch?

Römisch-katholisch.

Was ist für Dich das wichtigste Thema, um das sich die Politik dringend kümmern müsste?

Ich bin für Klimawandel, weil das für die nächsten Generationen wichtig ist.

Was würdest Du in der Politik verändern?

Ich würde mir wünschen, dass mehr Frauen im Parlament sitzen, damit es ausgeglichen ist.

Was würdest Du sofort abschaffen, wenn Du könntest?

Krieg.

Wie würdest Du es versuchen?

Da fällt mir nur ein, dass man das einfach verbieten müsste.

Würdest Du jetzt Waffen in die Ukraine liefern?

Ja, denn die sind ohne einen Grund, den ich verstehe, angegriffen worden. Die müssen sich doch verteidigen können.

Okay, für Verteidigung dann schon?

Ja.

Fühlst Du Dich in der Bundesrepublik Deutschland diskriminiert?

Nein.

Hast Du Diskriminierung von Leuten aus Deinem Freundeskreis oder im Umfeld erlebt?

Nein.

Was hältst Du vom Grundgesetz der Bundesrepublik Deutschland?

Ich finde es angemessen.

Hättest Du gerne mehr Volksentscheide (direkte Demokratie)?

Ja, das wäre für das Volk schon gut.

Bei welchem Thema zum Beispiel?

Klimawandel.

Und hättest Du da Hoffnung, dass die so stimmen, wie Du willst?

Ich glaube schon.

Wer sollte Wahlrecht haben?

Also, es ist ja jetzt in Diskussion, ob auch 16-jährige wählen dürfen sollten, aber ich bin eigentlich dagegen, ganz ehrlich. Weil ich sehe es ja bei mir selber, politisch habe ich jetzt nicht so viel Ahnung, wie man vielleicht haben sollte, und ich meine, ab 18 ist, glaub ich, doch ein gutes Alter.

Was heißt für Dich Freiheit?

Also, dass man seine Meinung sagen darf, dass man überall hinreisen darf, wo man hinmöchte. Oder auch, dass man tun darf, was man möchte, und dass man Dinge von anderen Ländern mitkriegt. Freiheit ist nicht, dass man eingebunkert wird und nichts von der Außenwelt mitbekommt.

Und wo ist da für Dich die Grenze? Wo Du dann zurücksteckst ab welchem Punkt?

Sicherheit, dass man halt geschützt wird, dass es verboten wird, andere verletzen zu dürfen.

Was heißt für Dich Gleichheit oder Gerechtigkeit? Du hast eine Pizza und Du hast drei Männer, Du musst die Pizza verteilen. Der erste Mann arbeitet, der zweite arbeitet nicht, der dritte arbeitet nicht, weil er eine Behinderung hat. Wie verteilst Du die Pizza?

Wenn eine Person nicht arbeitet und kein bestimmter Grund da ist, dann würde ich das Stück für diesen ein bisschen kleiner machen, weil ich finde es sonst unfair gegenüber Menschen, die arbeiten und auch wirklich hart arbeiten. Aber Menschen, die wirklich nicht können, weil sie behindert sind, bekommen das Gleiche.

Also das Beispiel mit dem Essen war jetzt so ein Grundbedürfnis, beim Geld würdest Du dann auch so denken? Wenn es darum geht, wieviel Lohn für Arbeit?

Ja.

Glaubst Du, dass im Internet eher die Wahrheit zu finden ist als in den Medien? Mit Medien meine ich jetzt so klassische, öffentlich-rechtliches Fernsehen, die bekannteren Zeitungen, und mit Internet meine ich tendenziell Social Media. Also es ist natürlich so, dass zum Beispiel auch ARD im Internet ist, aber vielleicht TikTok, Facebook oder sowas.

Also wenn mich das wirklich interessieren würde, würde ich mich mehr auf diese Medien, also wirklich auch Fernsehen und so, konzentrieren. Weil halt im Internet relativ viele Fake News unterwegs sind, würde ich da nicht allem so vertrauen, was da jetzt drinsteht.

Weißt Du, was ein Verfassungsstaat ist?

Nein.

Weißt Du, was Volkssouveränität bedeutet?

Weiß ich nicht.

Was, glaubst Du, macht der Bundestag?

Der Bundestag? Ist das da, wo die Parteien vereint sind und dann diskutieren und bestimmen, ob zum Beispiel Gesetze durchgesetzt werden?

Vertraust Du dem Bundesverfassungsgericht?

Ja.

Der Landesregierung?

Ja.

Der Bundesregierung?

Ja.

Parteien allgemein?

Also, es sind viele der Meinung, dass die AfD nicht die Partei ist, wo man vertrauen sollte. Die hat zwar nicht nur schlechte Seiten, aber so wird geredet. Den meisten Parteien vertraue ich aber.

Glaubst Du, dass Parlamente/Politiker im Sinne derer handeln, die sie gewählt haben, oder anderweitig gelenkt werden? Wenn ja, von wem?

Ich glaube schon, dass sie das durchsetzen wollen, wofür sie gewählt sind.

Was willst Du mit Deiner Wahl erreichen, wenn Du wählen könntest? Einfluss auf die Zusammensetzung der Regierung, damit eigene politische Interessen berücksichtigt werden, oder Kritik an der Politik ausdrücken?

Das erste.

Du kannst ja noch gar nicht wählen. Würdest Du gerne wählen oder mehr eingebunden werden und wenn ja wie?

Also bis jetzt bin ich froh, dass ich noch nicht wählen muss.

Aber Du hast ja eine Meinung zu vielen Themen, zum Klimawandel zum Beispiel. Und Du kannst noch gar nichts bestimmen. Vielleicht konzentriert sich die Partei, die Du gut findest, auf ältere Leute, die den Klimawandel nicht mehr erleben. Und auch bei Corona sind ja junge Leute nicht gefragt worden. Hast Du eine Idee, wie man das ändern könnte? Also, man könnte das Wahlalter senken, aber man könnte vielleicht auch irgendetwas anderes machen?

Man könnte sich ja freiwillig irgendwo engagieren. Man muss nicht wählen. Ich hätte Angst, wenn so unter 18-jährige irgendwas wählen und sich nicht auskennen, dass dann alles nicht mehr so funktioniert.

Kannst Du Dir vorstellen in ein Jugendparlament zu gehen?

Also, ich persönlich nicht, aber es gibt vielleicht ein paar Leute, die das gerne täten.

3.5 Vielleicht gehe ich mal in den Bezirksausschuss

Weiblich, 16 Jahre, Gymnasium, Großstadt mit 1.578.667 Einwohnern, Oktober 2022

Dass ich vielleicht mal in den Bezirksausschuss gehe, man muss ja immer klein anfangen

Was bedeutet für Dich Demokratie?

Demokratie bedeutet für mich ein gemeinsames Zusammenleben und Gleichberechtigung für alle. Man sollte aber alle seine Grundrechte erhalten, also freie Wahlen und Meinungsfreiheit.

Sprichst Du oft über Politik und hast Du den Eindruck, dass Du in Deutschland Deine Meinung frei sagen kannst?

Ja, ich rede schon gerne über Politik und ich glaube man kann seine Meinung in Deutschland frei sagen, aber man stößt auch mal auf Kritik von anderen, weil jeder eine andere Meinung hat.

Findest Du es gut, dass wir in einer Demokratie leben?

Ich bin sehr glücklich, dass ich in Deutschland in einer Demokratie leben darf, vor allem gerade sehe ich in anderen Ländern, dass Frauen oder auch weibliche Personen in allen Bereichen im Leben unter großen Defiziten leiden, und deshalb finde ich die Demokratie und dass ich in einer Demokratie lebe sehr gut.

Fühlst Du Dich durch den Staat repräsentiert?

Nicht in allen Punkten, aber in vielen Punkten schon.

Bist Du politisch aktiv?

Nein, noch nicht, aber ich würde gerne mal politisch aktiv werden.

Was würdest Du denn gerne mal machen?

Ich würde gerne Politikwissenschaft studieren und ich würde vielleicht mal gerne in den Bezirksausschuss gehen, man muss ja immer klein anfangen. Vielleicht kann ich in der Politik etwas mitgestalten, was anderen Leuten helfen kann.

Bist Du Mitglied in einer Partei?

Nein.

Engagierst Du Dich in einer Organisation, das kann auch ein Verein oder Orchester, etc. sein?

In der Schule haben wir Arbeitskreise, da engagiere ich mich, also zum Beispiel im Arbeitskreis Umwelt, oder wir haben auch Umweltmanager an unserer Schule und da mache ich auch mit.

Bist Du religiös?

Alle in meiner Familie gehören zum Islam, daher wurde ich damit aufgezogen, aber in den letzten Jahren habe ich angefangen, das zu hinterfragen. Ich muss noch meinen Weg zu dieser Religion finden; momentan glaube ich an nichts.

Bist Du Mitglied in einem Moscheeverein?

Nein.

Was ist für Dich das wichtigste Thema, um das sich die Politik dringend kümmern müsste?

Ich glaube die Umwelt ist das Wichtigste, und die Politik macht es gut, aber ich habe das Gefühl, dass die späteren Generationen mehr Verantwortung übernehmen sollen, und sich vielleicht mit den Schulsystemen mehr auseinandersetzen, weil da könnte einiges verbessert werden.

Was würdest Du in der Politik verändern?

Ich würde mich mehr für die Allgemeinbildung einsetzen aber auch für Gleichberechtigung und für die Flüchtlinge aus allen Ländern. Ich würde mich auch gerne für die sozial Benachteiligten einsetzen und denen mehr Möglichkeiten anbieten. Sie sollten genauso die Möglichkeit bekommen, zu studieren oder Jobs zu bekommen.

Was würdest Du sofort abschaffen, wenn Du könntest?

Da fällt mir gerade nichts ein.

Fühlst Du Dich in der Bundesrepublik Deutschland diskriminiert?

Nein. Ich habe noch nie Diskriminierung erfahren.

Bist Du schon mal Zeugin geworden davon, dass Leute in Deinem Freundeskreis oder im Umfeld diskriminiert worden sind?

Ja, eine Freundin von mir. Also ich weiß jetzt nicht, ob das wirklich Diskriminierung ist, aber es ging um die Schule und dass sie aus einem anderen Land kommt. Englisch kann sie nicht so gut. Da hat unsere Lehrerin ihr, allerdings sehr indirekt, zu verstehen gegeben, dass sie doch das sowieso nicht kann und wieder in ihr Land gehen soll.

Und in welches Land sollte sie zurückgehen?

Ihre Mutter kommt aus Spanien, und sie haben dort auch gelebt, und sie ist dann nach München gezogen und hier auf die Schule gegangen, und sie kann zwar fließend Deutsch, aber das war im Englischunterricht.

Was hältst Du vom Grundgesetz der Bundesrepublik Deutschland?

Meinen Sie jetzt damit auch die Grundrechte?

Ja.

Die finde ich sehr gut. Ich befasse mich gerade auch selber in der Schule damit und ich finde das eigentlich etwas sehr Gutes, jeder Mensch kann davon profitieren in allen Situationen.

Hättest Du gerne mehr Volksentscheide (direkte Demokratie)?

Das könnte ich mir schon gut vorstellen, aber ich darf ja noch nicht wählen gehen, auch wenn ich dies gerne würde. Ich finde, dass man die Jugend ein bisschen mehr einbeziehen könnte. Manchmal werden wir belächelt. Ich glaube, es ist wichtig, dass man unsere Stimme ein bisschen mehr hört.

Hättest Du gerne mehr Volksbegehren?

Ja, das könnte schon sehr sinnvoll sein, aber nicht bei allem.

Wer sollte alles Wahlrecht haben?

Es wäre schon schön, wenn man schon ab 16 Jahren wählen darf. Ich glaube, da fängt man an sich für verschiede Themen zu interessieren und sich mehr darüber zu informieren.

Was heißt für Dich Freiheit?

Freiheit heißt für mich, die Meinungsfreiheit und Religionsfreiheit frei ausüben zu können, ohne dass ich physisch und psychisch eingeschränkt werde.

Wie hast Du denn zum Beispiel die Maßnahmen während der Corona-Pandemie empfunden?

Beim Lockdown war ich erst 13 oder 14, und am Anfang habe ich das noch nicht ganz verstanden, aber später fand ich das eigentlich gut. Ich denke, die älteren Leute haben darunter gelitten. So konnte ich meine Oma nicht besuchen, was ich auch schade fand. Ich finde, die Politik hat das so gut geregelt, wie es ging.

Was heißt für Dich Gleichheit oder Gerechtigkeit? Stell Dir vor, es gibt eine Pizza und drei Männer und Du sollst die Pizza aufteilen. Der erste Mann arbeitet, der zweite arbeitet nicht, der dritte arbeitet nicht, weil er eine Behinderung hat. Wie würdest Du die Pizza aufteilen?

Ich würde sie in drei gleich große Stücke einteilen, weil wir alle Menschen und daher gleich sind.

Wie würdest Du das Geld nun bei Gehältern verteilen?

In vielen Bereichen verdienen Menschen zu wenig; dazu gehören Krankenschwestern oder Menschen, die im Pflegebereich arbeiten. Da müsste man mehr zahlen. In risikoreichen Bereichen sollte man auch mehr bezahlen. Ein Chirurg hat mehr Verantwortung als ein Kassierer, daher ist es in Ordnung, wenn diese Leute mehr verdienen. Aber alle sollten so viel verdienen, dass sie leben und sich auch mal was leisten können.

Glaubst Du, dass im Internet eher die Wahrheit zu finden ist als in den herkömmlichen Medien? Damit meine ich die bekannteren Zeitschriften, das öffentlich-rechtliche Fernsehen, und mit Internet meine ich vor allem auch Social Media.

Also, ich glaube, die Social Media Kanäle verzerren die Wahrheit oder ziehen die Fakten in eine Richtung. Man sollte sich da einfach mehr darüber informieren. Vielleicht entdeckt man dann, was nicht so stimmt. Aber weder das Internet noch die Zeitungen sagen immer die Wahrheit.

Weißt Du, was ein Verfassungsstaat ist?

Nein.

Weißt Du was Volkssouveränität bedeutet?

Nein.

Was, glaubst Du, macht der Bundestag?

Im Bundestag sitzen die Bundestagsabgeordneten von verschiedenen Parteien. Die Parteien bilden die Fraktionen. Die haben dann verschiedene Themen, für die sie werben. Ich glaube, darüber wird dann im Bundestag diskutiert und abgestimmt. Aber gleichzeitig wird auch über andere Themen geredet, also von Umwelt bis zu Wirtschaft, aber auch über außenpolitische Themen.

Wenn der Bundestag abgestimmt hat, was passiert dann?

Dazu fällt mir die Legalisierung von Cannabis ein. Ich glaube, der Bundestag wägt ab, ob das Pro oder Contra ist, und dann werden dann zum Beispiel auch der Gesundheitsminister einbezogen, und dann wird darüber abgestimmt, und dann kommt das, glaube ich, noch an eine weitere Stelle, und am Ende gibt es eine Entscheidung. So gibt es dann eine Legalisierung oder eben nicht.

Vertraust Du dem Bundesverfassungsgericht?

Ja.

Der Landesregierung?

Ja.

Der Bundesregierung?

Ja.

Parteien allgemein?

Also, ich vertraue nicht allen Parteien. Aber den meisten.

Glaubst Du, dass Parlamente/Politiker im Sinner derer handeln, die sie gewählt haben, oder anderweitig gelenkt werden?

Also, ich glaube schon, dass die in dem Sinne handeln, von denen sie gewählt werden.

Wenn Du wählen könntest, was wolltest Du mit Deiner Wahl erreichen? Einfluss auf die Zusammensetzung der Regierung, damit eigene politische Interessen berücksichtigt werden, oder Kritik an der Politik ausdrücken?

Ich glaube eher das erste.

Aber Du kannst ja noch nicht wählen, würdest Du gerne mehr eingebunden werden und wie?

Ja, ich würde schon gerne mehr eingebunden werden. Ich denke, ich würde gerne wissen, was in Zukunft so passieren soll. Aber gleichzeitig sollte man uns nicht zu viel einbeziehen, weil sich nicht alle Jugendlichen damit beschäftigen, was heutzutage passiert, und das zu nicht guten Ergebnissen kommen würde. Aber so richtig klar weiß ich das nicht.

Du hattest aber gesagt, Du hättest gerne eine Senkung des Wahlalters auf 16. Was hältst Du von den Juniorwahlen?

Bei uns in der Schule gibt es Jugendwahlen. Die werden nicht gezählt, aber es interessiert manche Organisationen, was die Jugendlichen denken. Da wählt jeder Jahrgang, wenn ich mich nicht irre, und da wird dann geschaut, was die Jugendlichen wählen würden. Das finde ich einen sehr guten Anfang.

Und hast Du sonst noch irgendeine Idee, wie man mehr Beteiligung erreichen könnte?

Ein guter Weg ist es, in die Bezirksausschüsse zu gehen, weil die entscheiden über den eigenen Bezirk. Da kann man ja erst einmal klein anfangen. Dadurch wird man mehr informiert, was für Möglichkeiten man hat, dass man Anliegen zu den Bezirksausschüssen bringen und diese dann weitergeben kann.

Okay, gibt es denn irgendwas, was Du in Deinem Bezirk ändern möchtest?

Nein, ich bin mit meinem Bezirk eigentlich sehr zufrieden.

17 Jahre

3.6 Zeit für die Natur und für mich selbst sind mir wichtig

Männlich, 17 Jahre, Mittelschule, Ort mit ca. 3000 Einwohnern, Februar 2022

Mit viel Verbindung zur Natur auf jeden Fall und viel mehr Zeit haben für sich, Zeit, um zu ergründen „Wer bin ich?“, „Warum bin ich hier auf dieser Erde?“

Was bedeutet für Dich Demokratie?

Demokratie bedeutet für mich, wenn das Volk an der Regierung oder der Staatsverwaltung teilnimmt oder Einfluss darauf ausüben darf.

Sprichst Du oft über Politik und hast Du den Eindruck, dass Du Deine Meinung wirklich frei sagen kannst?

Ja. Ich kann meine Meinung frei sagen.

Findest Du es gut, dass wir in einer Demokratie leben?

Ich finde das gut. Eine Demokratie ist sehr vielfältig.

Fühlst Du Dich durch den Staat repräsentiert?

Von einer Skala von 1 bis 10 würde ich auf sechs tippen. Ganz repräsentiert fühle ich mich nicht.

Bist Du politisch aktiv?

Nein, ich interessiere mich zwar für Politik, aber aktiv in einer Partei oder einem Verein bin ich nicht.

Bist Du Mitglied in einer Partei?

Nein.

Engagierst Du Dich in einer Organisation, das kann auch ein Verein oder Orchester, etc. sein?

Nein.

Bist Du religiös?

Nein.

Was ist für Dich das wichtigste Thema, um das sich die Politik dringend kümmern müsste?

Da habe ich noch nicht nachgedacht. Ich finde Themen wie Aufrichtigkeit gegenüber dem Volk wichtig. Auch finde ich es wichtig, dass man weniger in andere Länder eingreift und weniger Interessen für Weltmächte eingeht wie eine Marionettenpuppe. So würde man weniger Krieg verursachen. Ich finde, Frieden auf der ganzen Welt ist die oberste Priorität.

Was würdest Du in der Politik verändern?

Das Schulsystem.

Was würdest Du denn am Schulsystem verändern?

Das wäre wichtig, dass jeder sich frei entwickeln kann.

Was würdest Du genau machen, wie sähe denn die Schule aus, in die Du gehen willst?

Wichtig finde ich viel Verbindung zur Natur und viel mehr Zeit haben für sich. Junge Menschen brauchen Zeit, um zu ergründen, wer sie sind. „Warum bin ich auf dieser Erde oder was ist der Sinn für mich zum Leben?“. Diese Dinge werden meiner Meinung nach zu sehr vernachlässigt.

Okay, bist Du im Ethikunterricht oder im Religionsunterricht?

Ich bin im Ethikunterricht.

Was würdest Du sofort abschaffen, wenn Du könntest?

Ich würde die Massentierhaltung abschaffen und die Landwirtschaft umstrukturieren. Auch würde ich gerne auf das Wohl der Tiere stärker eingehen. Wir ernähren uns von ihnen, also sollten wir ihnen auch Freiheit geben. Massentierhaltung und mit Medikamenten füttern, das würde ich gerne verändern.

Kommst Du aus der Landwirtschaft?

Wir wohnen auf dem Land, aber meine Eltern sind keine Bauern. Unsere Nachbarn sind Bauern, daher habe ich Erfahrung. Ich bin der Natur und den Tieren sehr verbunden.

Ist es für Dich in Ordnung, wenn nun die Lebensmittel teurer werden?

Da müsste man Maßnahmen ergreifen, dass die Menschen mehr Geld haben, um sich diese Lebensmittel leisten zu können.

Fühlst Du Dich in der Bundesrepublik Deutschland diskriminiert?

Diskriminiert fühle ich mich nicht. Aber ich habe das Gefühl, dass andere Menschen diskriminiert werden, weil sie ungeimpft sind oder eine andere Hautfarbe haben. Es ist eine Gefahr in der Demokratie, wenn die Mehrheitsmeinung eine Minderheit diskriminiert. So ist es auch in der Nazizeit passiert.

Was hältst Du vom Grundgesetz der Bundesrepublik Deutschland?

Ich finde Grundgesetze sind immer sehr wichtig, und die sollten auch ein doppeltes Gewicht erhalten, weil sie für das Miteinander sorgen und auch die Freiheit für die Menschen sichern.

Meinst Du, man kann jedes „Grundgesetz" einhalten? Manchmal widersprechen die Gesetze sich.

Wenn es Konflikte zwischen zwei Grundgesetzen gibt, dann kann man dies mit einer Volksabstimmung klären.

Hättest Du gerne mehr Volksentscheide (direkte Demokratie)?

Ja.

Wer sollte alles Wahlrecht haben?

Viele Jugendliche lassen sich mit 16 noch zu sehr manipulieren. Die sind geistig noch nicht so weit gereift. Daher wäre ich für das Wahlrecht ab 18 Jahren.

Du bist 17 Jahre alt. Ist es für Dich in Ordnung, dass Du nicht gewählt hast?

Ja.

Was heißt für Dich Freiheit?

Freiheit bedeutet für mich, wenn ich in meinem Leben das machen darf, was ich mir erträume. Wenn ich Einschränkungen wegen der Gesetze oder einem Regime habe, und daher das Leben nicht führen kann, was ich möchte, dann ist das keine Freiheit.

Bedeutet Freiheit für Dich auch, Deine Meinung sagen zu können?

Ja, das gehört auch dazu.

Wäre Freiheit für Dich auch, die Coronaregeln nicht einzuhalten? Oder bedeutet Freiheit machen zu können, was Du willst, egal, ob andere Schaden nehmen?

Was die Coronapandemie angeht, kann man Viren nicht kontrollieren. Die Viren sind in der Luft und man kann sie nicht sehen, also kannst Du sie auch nicht absichtlich übertragen. Da fände ich mehr Freiheit besser. Eine Maske gehört im Leben eigentlich nicht dazu. Wir sind Menschen, wir wollen miteinander kommunizieren, wir wollen uns umarmen, das gehört zum Leben, und die Maßnahmen finde ich schon eine große Einschränkung. Freiheit wäre eigentlich auch, selbst darüber zu entscheiden.

Liegt es vielleicht auch daran, dass Du Dich als junger Mensch von Corona nicht bedroht fühlst? Also, würdest Du das jetzt auch sagen, wenn es die Pest wäre?

Das ist das, was die Natur macht. Wir können die Natur nicht kontrollieren. Das ist eben so, und daher fürchte ich mich auch nicht. Ich fühle mich von dem Virus nicht bedroht.

Aber wenn es etwas wäre, von dem Du Dich bedroht fühlst, ist das dann gut, wenn andere Leute sagen, sie nehmen Rücksicht?

Klar, aber ein Virus kann man nicht sehen oder steuern. Es ist etwas anderes, wenn wir über Vergewaltigung reden. Es gibt viele Mädchen, die sich bedroht fühlen, und da finde ich, man sollte drauf achten. Aber wenn es etwas Natürliches wie das Virus ist, können wir keinen Einfluss nehmen.

Aber wenn man dann die Situation im Krankenhaus sieht? Schaut es dann nicht anders aus?

Ich habe Mitgefühl mit den Menschen, aber es gibt auch viele Menschen, die keine Symptome haben und nicht darunter leiden. Ich vertraue auf mein Immunsystem, ich vertraue auf meine Körperkräfte, ich vertraue auf meine Selbstheilungskräfte. Und die hat jeder Mensch und jeder soll sie anerkennen.

Was heißt für Dich Gleichheit oder Gerechtigkeit? Nehmen wir mal an, es gibt eine Pizza und drei Männer. Der eine Mann arbeitet nicht, der zweite Mann arbeitet, der dritte Mann arbeitet nicht, weil er eine Behinderung hat, und alle haben Hunger. Wie würdest Du die Pizza verteilen?

Ich würde sie so verteilen, dass jeder das gleiche Stück kriegt. Jeder ein Drittel sozusagen, weil es sind drei Leute. Jeder Mensch hat das Recht ein Essen zu bekommen, jeder Mensch hat das Recht, was zu trinken, jeder Mensch hat das Recht, ein Dach über dem Kopf zu haben.

Und wenn es um mehr oder weniger Geld geht, soll dann der, der mehr arbeitet, mehr Geld kriegen?

Derjenige, der arbeitet, der gibt sich Mühe, der weiß, warum er arbeitet, der weiß, was sein Ziel ist, und das soll man auch anerkennen. Und sicherlich hat auch derjenige, der nicht arbeitet, so seine Gründe, warum er eben nicht arbeitet.

Glaubst Du, dass im Internet eher die Wahrheit zu finden ist als in den herkömmlichen Medien?

Die Wahrheit finde ich immer in mir drin. Ob es die Wahrheit ist oder nicht. Zum Beispiel beim Ukrainekonflikt; das kommt überall in den Medien, aber Du weißt nicht, was Du glauben kannst. Die Wahrheit findet man später raus.

Weißt Du, was ein Verfassungsstaat ist?

Ja. Der Staat hat Verfassungsorgane, die werden unterteilt; so gibt es den Bundestag oder das Bundeverfassungsgericht. Die Verfassungen sind in fünf Faktoren eingegliedert. Das ist ein Verfassungsstaat.

Weißt Du was Volkssouveränität bedeutet?

Ich weiß, was Souveränität bedeutet, also eigenständig oder selbständig zu handeln, dementsprechend ein Staat, wenn er souverän ist.

Was, glaubst Du, macht der Bundestag?

Im Bundestag wird über Gesetze diskutiert. Da sind Abgeordnete tätig. Wenn es zum Beispiel ein Gesetz über Massentierhaltung geben soll, wird das diskutiert. Dann werden Gesetze beschlossen oder überlegt und in die Tat umgesetzt. Man könnte den Bundestag als Gehirn des Bundes oder unseres Staates sehen.

Vertraust Du dem Bundesverfassungsgericht?

Ja.

Der Landesregierung?

Landesregierung? Eher nicht.

Der Bundesregierung?

Ich kann es nicht ganz einschätzen, weiß es nicht.

Parteien allgemein?

Nein.

Glaubst Du, dass Parlamente/Politiker im Sinner derer handeln, die sie gewählt haben oder anderweitig gelenkt werden?

Ich glaub, dass sie gelenkt werden.

Von wem?

Sie werden von der Industrie mit ihrer Macht und ihrem Geld bestochen. Man kann dazu auch die Medien an seine Seite ziehen. Das halte ich für möglich.

Was willst Du mit Deiner Wahl erreichen? Willst Du Einfluss auf die Zusammensetzung der Regierung nehmen, damit eigene politische Interessen berücksichtigt werden oder willst Du eher Kritik an der Politik ausdrücken?

Das Erste.

Falls Du noch nicht wählen darfst: Würdest Du gerne mehr eingebunden werden und wie?

Ich würde gerne über die verschiedenen Zusammenhänge informiert werden. Auch würde ich gerne eher wissen, was die Politiker wirklich wollen. Ich frage mich, was das wirkliche Wahlprogramm ist, was wirklich die Interessen dieser Parteien sind oder von diesen Wahlleuten und ich finde es ganz wichtig zu informieren; viele wissen nicht, was die wirklichen Pläne sind, und dann auf einmal ist jemand an der Regierung und es kommt was anderes.

Du willst also gerne mehr informiert werden und hättest gerne mehr neutrale Informationen. Wie konkret kannst Du noch mehr beteiligt werden?

Ich würde vielleicht eine Abstimmung machen und irgendwo bei einer höheren Stelle dann melden, dass wir nicht einverstanden sind.

Was hältst Du von einem Jugendparlament?

Ein Jugendparlament wäre auch nicht schlecht.

3.7 L.: Das Leben wäre ohne Demokratie anders

L., weiblich, 17 Jahre, Gymnasium, Ort mit mehr als 35 000 Einwohnern, März 2022

Ich denke, das Leben wäre ganz anders, wenn wir nicht in einer Demokratie wären, da man auch selber entscheiden kann, wie man leben möchte.

Was bedeutet für Dich Demokratie?

Also, das kann man nicht so ganz einfach definieren, aber ich finde, da gehören ganz viele Sachen so dazu, also zum Beispiel, dass das Volk mitentscheiden darf bei vielen Entscheidungen, wie durch Wahlen, aber ich finde, auch Meinungsfreiheit spielt eine ganz große Rolle, also dass man immer sagen kann, was man denkt, auch wenn das nicht dem entspricht, was der Staat meint, und dass sich auch die Macht nicht auf eine Partei oder auf eine Person hin polarisiert, sondern immer noch verteilt bleibt.

Sprichst Du oft über Politik und glaubst Du, dass Du Deine Meinung wirklich frei sagen kannst?

Da ich noch keine 18 Jahre alt bin, spreche ich noch nicht häufig über Politik. Wenn ich aber 18 Jahre alt bin, wird das mehr, da ich mich dann informieren will. Manchmal ist das aber schwierig herauszufinden, was die Parteien wirklich so machen. Klar bekommt man heraus, was aktuell passiert, aber die Hintergründe bekommt man nicht so leicht mit. Mit Freunden diskutiere ich manchmal und da sage ich auch meine Meinung und das wird auch toleriert.

Findest Du es gut, dass wir in einer Demokratie leben?

Ja. Man sieht Länder, die keine Demokratie sind, und da würde ich jetzt persönlich nicht so gerne drin leben. Ich finde es gut, weil ich mitentscheiden kann und man bekommt mit, dass man in einer Demokratie lebt. Ich denke, das Leben wäre ganz anders, wenn wir nicht in einer Demokratie wären, da man auch selber entscheiden kann, wie man leben möchte.

Fühlst Du Dich durch den Staat repräsentiert, da Du nicht direkt im Parlament sitzt?

Ich finde durch die Wahlen bin ich repräsentiert. Wenn man 18 Jahre alt ist, wird man auf jeden Fall mehr repräsentiert, als wenn man jünger ist.

Bist Du politisch aktiv?

Nein. Ich habe Freunde, die zum Beispiel in einer Partei drin sind, ich selber aber noch nicht. Wenn ich mich besser auskenne, vielleicht würde ich dann in eine Partei gehen. Auf einer Demonstration war ich noch nie.

Engagierst Du Dich in einer Organisation, das kann auch ein Verein oder Orchester, etc. sein?

Also jetzt gerade nicht, weil ich in die 12. Klasse gehe, und dann ist das zeitlich so schwierig. Aber früher war ich im Tierschutzverein und in Sportvereinen, aber da hat die Zeit gefehlt und jetzt bin ich eigentlich nicht mehr in einem Verein drin.

Bist Du religiös?

Ich bin evangelisch, konfirmiert und getauft, aber ich bin nicht streng religiös. Also ich bete nicht ständig. Aber es ist schon gut, wenn man weiß, dass wenn man alleine wäre, man an Gott denken kann. Aber ich bin nicht streng religiös.

Was ist für Dich das wichtigste Thema, um das sich die Politik dringend kümmern müsste?

Also momentan der Krieg in der Ukraine. Dann kommt das Klima. Also, das muss sich wirklich ändern, aber man muss einen Plan ausarbeiten, wie man schrittweise etwas verändern kann.

Was würdest Du in der Politik verändern?

Vielleicht könnte man am Schulsystem etwas verändern. Viele Schüler sind gestresst, und das macht sie kaputt. Ansonsten wie schon gesagt die Klimapolitik.

Was würdest Du sofort abschaffen, wenn Du könntest?

Da fällt mir nichts ein.

Wie würdest Du das Schulsystem konkret organisieren wollen?

Ich finde, die Schüler werden überfordert. Drei Klausuren pro Woche finde ich zu viel. Normalerweise schreibt man Abitur immer nach den Pfingstferien, und jetzt wurde das auf vor den Pfingstferien verlegt. Daher hat man noch weniger Zeit und jetzt haben wir so viel Stress, den andere nicht hatten. Das wurde so gelegt, falls jemand in Quarantäne muss, aber es ist nicht gerecht. Klar gibt es Schulpsychologen, aber da wollen viele Schüler nicht hingehen, weil der Lehrer dann Bescheid weiß, und man weiß nicht, wem das noch erzählt wird. Ich finde, man müsste sich etwas zum Stressabbau einfallen lassen. Kaum ist man mit gerade mal 10 Jahren am Gymnasium, so ein Riesenstress. Das Schulsystem selbst ist aber gut.

Fühlst Du Dich in der Bundesrepublik Deutschland diskriminiert?

Nein, aber es gibt Gruppen, die sich diskriminiert fühlen, und das sollte auch geändert werden!

Hast Du Diskriminierung von Leuten aus Deinem Freundeskreis oder im Umfeld erlebt?

Ja, vor allem während der Coronapandemie. Ich habe viele asiatische Freunde und die wurden diskriminiert.

Was hältst Du vom Grundgesetz der Bundesrepublik Deutschland?

Ich finde, das ist ganz wichtig. Am Anfang steht, dass die Menschenwürde geehrt werden soll, und das gibt es nicht in allen Ländern. Auch steht darin, dass keiner wegen seiner Herkunft diskriminiert werden soll. Manchmal wird es nicht ganz durchgesetzt, aber trotzdem hat es natürlich Einfluss auf das Denken der Menschen.

Wer sollte alles Wahlrecht haben?

Alle über 18 sollten das Wahlrecht haben. Ich finde es auch wichtig, dass man die deutsche Staatsangehörigkeit haben muss. Jünger sollte man nicht wählen dürfen, denn da wissen die Jugendlichen noch zu wenig und sind zu unreif, und dann wählen die einfach irgendwas aus Spaß.

Was heißt für Dich Freiheit? Heißt das für Dich, Deine Meinung sagen zu können, oder Deinen Beruf selbst zu wählen, Coronaregeln nicht einzuhalten oder machen zu können, was Du willst?

Freiheit heißt für mich auch, sich an die Gesetze zu halten. Gesetze schreiben uns einige Dinge vor und geben uns Freiraum, um uns zu entwickeln, wie wir wollen. Wir können alle so unseren Beruf auswählen, oder unsere Meinung sagen.

Was heißt für Dich Gleichheit oder Gerechtigkeit? Also nehmen wir an, es gibt eine Pizza und drei Männer. Der eine Mann arbeitet, der zweite Mann arbeitet nicht und der dritte Mann arbeitet nicht, weil er eine Behinderung hat. Wie würdest Du die Pizza an die drei Männer verteilen?

Also, ich würde versuchen, sie möglichst gleich aufzuteilen, so dass jeder ungefähr ein gleich großes Stück bekommt, denn es gibt keinen Grund, dass jemand kein Essen bekommen sollte.

Nehmen wir mal an, dass wäre jetzt nicht die Pizza, sondern es ginge um Geld?

Leuten, die nicht arbeiten, würde ich weniger Geld geben als denen, die arbeiten. Und der, der nicht arbeitet, sollte gefördert werden, damit er zu einer Arbeit kommen kann, und er sollte in der Zeit soviel Geld bekommen, dass er sich am Leben halten kann.

Glaubst Du, dass im Internet eher die Wahrheit zu finden ist als in den herkömmlichen Medien?

Nein, im Internet gibt es viele Fake News, weil sobald sich eine falsche Nachricht verbreitet, sobald eine veröffentlicht wird, dann wird die ganz schnell verbreitet, und das geht im Internet auch so viel schneller als in den herkömmlichen Medien und wenn man an seriöse Quellen rankommen möchte, sollte man vielleicht die Nachrichten schauen oder die Zeitung lesen.

Was ist ein Verfassungsstaat?

Ein Staat, der eine Verfassung hat.

Weißt Du, was Volkssouveränität bedeutet?

Das heißt, dass das Volk mitentscheiden kann und dass die Macht beim Volk liegt.

Was macht der Bundestag?

Im Bundestag wird diskutiert und es werden Entscheidungen getroffen. Es geht darum, wie das Land geführt werden soll, und es werden Vorschläge für neue Gesetze gemacht.

Vertraust Du dem Bundesverfassungsgericht?

Ich wüsste nicht, warum ich nicht vertrauen sollte. Das ist eine offizielle Stelle.

Der Landesregierung?

Ja, das ist für mich genauso wie das Bundesverfassungsgericht eigentlich.

Der Bundesregierung?

Ja, aber ich glaube, es werden oft Dinge gesagt, die nicht umgesetzt werden. Aber vertrauen tue ich trotzdem.

Vertraust Du den Parteien?

Ja. Wenn eine Partei sagt, dass sie für etwas steht, dann sollte das so sein. Aber oft wird es am Ende nicht umgesetzt. Zum Vertrauen gehört dazu, dass man angekündigte Ziele auch angeht. Manchmal reden die nur, um mehr Stimmen zu bekommen. Aber in Deutschland passt das schon.

Glaubst Du, dass Parlamente / Politiker im Sinne derer handeln, die sie gewählt haben, oder anderweitig gelenkt werden?

Die werden auf jeden Fall schon so handeln, dass sie das ordentlich repräsentieren. Aber auch die Wirtschaftslage oder die Beziehungen mit anderen Ländern oder mit anderen Parteien beeinflussen die Politik.

Was willst Du mit Deiner Wahl erreichen? Einfluss auf die Zusammensetzung der Regierung, damit eigene politische Interessen berücksichtigt werden, oder Kritik an der Politik ausdrücken?

Eigentlich Einfluss auf die Regierung.

Falls Du noch nicht wählen darfst: Würdest Du gerne mehr eingebunden werden und wie?

Man kann bestimmt in Organisationen oder Vereine eintreten, aber ich glaube, das hat keinen großen Einfluss. Aber ich will gerade nicht sehr eingebunden sein.

3.8 Der Krieg gefällt mir nicht

Männlich, 17 Jahre, Berufsschule (davor Realschule), seit zwei Jahren Ort mit 14.000 Einwohnern, davor Großstadt mit 1.578.667 Einwohnern, März 2022

Krieg schadet jedem; es ist in vielen Ländern Krieg, und das gefällt mir nicht.

Was bedeutet für Dich Demokratie?

Demokratie heißt, dass man wählen kann, man Rechte und Pflichten hat und eben auch Freiheiten.

Sprichst Du oft über Politik und findest Du, dass Du Deine Meinung frei sagen kannst?

Also, ich sage immer meine Meinung. So wurde ich erzogen.

Findest Du es gut, dass wir in einer Demokratie leben?

Also, ich find's gut, ja.

Fühlst Du Dich durch den Staat repräsentiert?

Repräsentiert? Was meinen Sie denn damit genau?

Findest Du, dass die Leute im Bundestag das machen, was für Dich gut ist oder was Du richtig findest?

Ich kenne mich mit Politik nicht aus. An dem was die tun, kann man nichts ändern.

Was würdest Du tun, wenn Du selbst in der Politik wärst?

Dann würde ich ein paar Dinge verändern, aber ich bin nicht in der Politik, also kann ich nichts verändern.

Bist Du politisch aktiv?

Nein.

Warst Du schon mal auf einer Demonstration?

Nein, sowas mache ich nicht.

Engagierst Du Dich in einer Organisation, das kann auch ein Verein oder Orchester, etc. sein?

Nein.

Bist Du religiös?

Ja, das bin ich.

Was ist für Dich das wichtigste Thema, um das sich die Politik dringend kümmern müsste?

Das ist erst mal der Krieg. Ein Krieg schadet jedem, und es ist in vielen Ländern Krieg, und das gefällt mir nicht. Danach muss man überlegen was wegen der Coronapandemie noch wichtig wäre.

Was würdest Du in der Politik verändern?

Das weiß ich nicht, da ich mich damit nicht beschäftige. Ich höre ein bisschen von Medien.

Aber was würdest Du zum Beispiel sofort abschaffen, wenn Du könntest?

Ich würde zum Beispiel die Maskenpflicht abschaffen.

Warum?

Im Bus sollen alle Masken aufziehen, aber in der Menschenmenge in der Stadt geht es ohne Maske. Das macht keinen Sinn.

Fühlst Du Dich in der Bundesrepublik Deutschland diskriminiert?

Ich merke es bei sagen wir mal rechtsradikalen Leuten, dass ich nicht aus Deutschland komme, und ich werden dann böse angeschaut, als wäre ich ein Verbrecher. Das merke ich manchmal.

Bist Du in Deutschland geboren?

Ich bin seit meinem zweiten Lebensjahr in Deutschland.

Und wo kommst Du her?

Aus Tunesien.

Hast Du Diskriminierung von Leuten aus Deinem Freundeskreis oder im Umfeld erlebt?

Nein. Ich mag nur loyale Freunde. Wenn mich jemand diskriminiert oder irgendwas, dann sage ich meine Meinung, und wenn es ihm nicht passt, dann kann er gehen.

Was hältst Du vom Grundgesetz der Bundesrepublik Deutschland?

Mit den Gesetzen kenne ich mich nicht so gut aus. Aber es geht um Rechte und Pflichten.

Hättest Du gerne mehr Volksentscheide, also eine Abstimmung zu bestimmten Themen?

Wenn es den Leuten gefällt, dann kann man das machen. Also mir ist sowas egal, und ich kenne mich nicht aus.

Wer sollte alles Wahlrecht haben?

Die deutschen Staatsbürger ab 18 Jahren. Ich habe die deutsche Staatsangehörigkeit. Ich finde es richtig, dass man erst ab 18 Jahren wählen kann.

Was heißt für Dich Freiheit?

Freiheit heißt, dass man raus gehen kann, wann man will, machen kann, was man will, dass man nicht kontrolliert wird. Genau.

Und wo hört die Freiheit für Dich auf?

Bei Straftaten bin ich dagegen. Auseinandersetzung sollte man ohne Gewalt klären.

Gibt es noch weitere Grenzen der Freiheit?

Auch Mobbing wäre eine Grenze. Es gibt zu viele Leute, die werden gemobbt, die bringen sich dann um. Es ist auch nicht schön, wenn man Hass auf andere Länder hat. Wenn Migranten Deutschland nicht ernst nehmen, mag ich das auch nicht. Deutschland ist meine Heimat und wir sind alle hier großgeworden.

Was heißt für Dich Gleichheit oder Gerechtigkeit? Also, nehmen wir mal an, wir haben eine Pizza und drei Männer, und ein Mann arbeitet, ein Mann arbeitet nicht und einer arbeitet nicht, weil er eine Behinderung hat. Wie würdest Du die Pizza aufteilen?

Dann wird halt jeder etwas bekommen. Jeder muss essen.

Also, wenn es um Essen geht, dann ist es ein Grundbedürfnis, aber wie wäre es für Dich, wenn es um Geld ginge?

Jemand, der Geld verdienen will, muss etwas arbeiten. Das kann schon ungleich sein.

Glaubst Du, dass im Internet eher die Wahrheit zu finden ist als in den herkömmlichen Medien?

Medien reden nur Blödsinn. Da steckt jetzt vielleicht ein bisschen Wahrheit drin, aber der Rest nur gelogen.

Okay, und im Internet, da ist es besser?

Im Internet gibt's auch nicht alles, die reden auch viel, aber ist beides halt Lügen.

Was wäre das zum Beispiel, was Du da besser findest als in den herkömmlichen Medien?

Ich bin nicht gerne im Internet. Aber die erzählen nicht die ganze Wahrheit.

Bist Du grundsätzlich erst mal misstrauisch?

Ich habe mal von einem Fall gehört, da wurde über jemanden in der Zeitung falsch und dramatisiert geschrieben. Die schreiben das nur, damit die Zeitung gekauft wird.

Weißt Du, was ein Verfassungsstaat ist?

Nein.

Weißt Du, was Volkssouveränität bedeutet?

Nein.

Was, glaubst Du, macht der Bundestag?

Ich glaube, der entscheidet über Gesetze.

Vertraust Du dem Bundesverfassungsgericht?

Ich weiß nicht, was das ist.

Der Landesregierung?

Ich weiß auch hier nicht, was das ist.

Der Bundesregierung?

Das ist Deutschland, richtig? Warum sollte ich da nicht vertrauen?

Vertraust Du den Parteien?

Ich beschäftige mich zwar nicht damit, aber eigentlich vertraue ich schon.

Glaubst Du, dass Parlamente/Politiker im Sinner derer handeln, die sie gewählt haben oder anderweitig gelenkt werden?

Ähm, wie anderweitig?

Glaubst Du, die Politiker machen dann das, was sie versprochen haben? Oder glaubst Du, ob man wählt oder nicht, ist sowieso egal, weil sowieso jemand anderes bestimmt?

Wenn man eine Partei wählt, dann werden die das schon durchsetzen, sonst würden sie beim nächsten Mal ihre Stimmen verlieren.

Wenn Du nächstes Jahr wählen kannst, was willst Du mit Deiner Wahl erreichen? Einfluss auf die Zusammensetzung der Regierung, damit eigene politische Interessen berücksichtigt werden, oder Kritik an der Politik ausdrücken?

Ich bin am Wählen nicht interessiert. Ich wüsste nicht, wen ich wählen soll.

Würdest Du gerne stärker eingebunden werden?

Nein. Ich will auch nicht wählen, sondern mich da heraushalten.

Aber sagen wir mal, Du würdest für Deinen Geschmack zu wenig Geld verdienen, und fändest das ungerecht, dann müsstest Du schauen, welche Partei das ändern würde. Oder nimm mal an, Du hast Kinder, und jetzt musst Du schauen, wie die Schule organisiert ist.

Damit habe ich mich noch nicht beschäftigt. Mit den Parteien kenne ich mich nicht aus.

Interessieren sich Deine Eltern dafür?

Nein.

Aber die haben schon Wahlrecht?

Ja, sie gehen aber nicht wählen.

3.9 Julian: Bis ich älter bin, wird nicht mehr viel übrigbleiben

Julian, männlich, 17 Jahre, Berufsschule (davor Realschule), Ort mit 53 000 Einwohnern, Juli 2022

Weil ich einfach sehe, dass wenn ich einmal älter bin und in Rente komme, dass da wahrscheinlich nicht mehr viel übrigbleiben wird.

Was bedeutet für Dich Demokratie?

Demokratie bedeutet für mich freie Meinungsäußerung und die Macht des Bürgers.

Sprichst Du oft über Politik und hast Du den Eindruck, dass Du Deine Meinung frei sagen kannst?

Also, ich persönlich spreche viel über Politik, aber das ist nicht repräsentativ für alle Jugendlichen in meinem Alter. Klar kann man die Meinung frei sagen, aber wenn man nicht in ein bestimmtes Bild passt, bekommt man auch viel Gegenwind.

So dass man es sich nicht mehr traut vielleicht?

Genau.

Findest Du es gut, dass wir in einer Demokratie leben?

Ja, definitiv, also ohne Demokratie gäbe es in Deutschland kein so schönes Leben und das hat bestimmt auch mit unserem Wohlstand zu tun.

Fühlst Du Dich durch den Staat repräsentiert?

Grundsätzlich ja. Aber viele Entscheidungen kann man als junger Mensch nicht nachvollziehen.

Bist Du politisch aktiv?

Direkt politisch aktiv bin ich nicht, habe aber schon darüber nachgedacht, in eine Partei einzutreten.

Engagierst Du Dich in einer Organisation, das kann auch ein Verein oder Orchester, etc. sein?

Ja, ich bin in einem Sportverein. Aber einer gemeinnützigen Stiftung oder so bin ich nicht.

Bist Du Trainer oder machst Du Sport?

Ich mache selber Sport. Ich bin im Tennis tätig und natürlich bin ich auch ein bisschen Aufsichtsperson für die Jüngeren und kümmere mich ein bisschen darum.

Bist Du religiös?

Theoretisch bin ich katholisch-christlich, aber ich bin nicht sehr religiös. Ich kann mich jetzt auch nicht mehr so stark mit der Kirche identifizieren.

Also, Du bist da nicht in der Jugendorganisation dabei?

Nein.

Was ist für Dich das wichtigste Thema, um das sich die Politik dringend kümmern müsste?

Aktuell würde ich sagen das Rentensystem. Wenn ich einmal in Rente komme, dann bleibt wahrscheinlich nicht mehr viel übrig. Auch der Krieg und die Versorgung im Winter mit Gas und Strom ist wichtig. Ach ja, und dann ist auch die Umweltpolitik wichtig.

Wie würdest Du die Versorgung verbessern?

Einerseits würde ich schon schauen, dass wir noch so lange wie möglich Gas bekommen von Russland und parallel versuchen, aus anderen Ländern Flüssiggas zu bekommen. Man müsste den Ausbau der erneuerbaren Energien schneller ausbauen. Atomkraftwerke sind auch wieder im Gespräch, ob man die jetzt nicht wieder aktivieren soll. Ich finde, die sollten gar nicht abgeschaltet werden, aber ob es jetzt so auf die Schnelle geht, ist wahrscheinlich eher fraglich. Es ist schwierig, sich von anderen Ländern wieder abhängig zu machen. Es wäre besser, wenn der Strom wieder in Deutschland produziert werden könnte, am besten durch erneuerbare Energien.

Was wäre da zum Beispiel für Deine Region denkbar?

Man könnte Windkraftwerke in Bayern besser ausbauen. Vielleicht könnte man auch Solaranlagen besser im Privaten finanzieren, da gab es doch gerade Förderungen. Das wäre doch ein Anreiz für die Leute, sich eine Solaranlage aufs Dach zu machen.

Was würdest Du in der Politik verändern?

Schwierige Frage. Ich würde vielleicht verändern, dass, wie soll ich das ausdrücken? Politiker haben natürlich ganz viele Berater im Hintergrund, und die kennen sich schon mit der Thematik aus, aber wenn ich mir unsere Verteidigungsministerin anschaue, die hat von der Materie nicht viel Ahnung, deswegen wäre es besser, wenn jemand die Politik auch repräsentieren könnte, der wirklich Ahnung davon hat.

Was würdest Du sofort abschaffen, wenn Du könntest?

Ich würde auf jeden Fall mal den Rundfunkbeitrag senken, aber nicht abschaffen. Man kann mich jetzt mit der AfD identifizieren, die wollen das auch immer, aber in diesem Fall wäre ich schon dafür. Mehr fällt mir auf die Schnelle nicht ein. Müsste ich ein bisschen überlegen.

Zahlst Du denn den Rundfunkbeitrag schon?

Noch nicht, aber bald.

Wenn es um Bildungsangebote im öffentlich-rechtlichen Fernsehen geht; fändest Du es gut, wenn es privatisiert und dann vielleicht in eine bestimmte Richtung gelenkt wird?

Auch von den öffentlich-rechtlichen wird ein gewisses Weltbild mitgegeben, und ich wäre ja nicht für die komplette Abschaffung der Rundfunkgebühren, sondern würde diese nur gerne ein wenig reduzieren wollen. Das hat man doch auch in Frankreich getan.

Fühlst Du Dich in der Bundesrepublik Deutschland diskriminiert?

Nein. Rassismus gibt es auf jeden Fall in Deutschland, aber in meinem Freundeskreis oder in meiner Schulklasse hat jeder eine gesunde Mencheneinstellung, und es würde niemand aufgrund seiner Hautfarbe jetzt diskriminiert. Deswegen, glaube ich, gibt es nicht so viel Rassismus, wie man von der Welt oder von Deutschland denkt.

Was hältst Du vom Grundgesetz der Bundesrepublik Deutschland?

Das ist die Grundlage von Deutschland. Hätten wir das Grundgesetz nicht, würde es in Deutschland anders zugehen. Ausschlaggebend hierfür ist das Grundgesetz, und das muss auch erhalten bleiben.

Hättest Du gerne mehr Volksentscheide (direkte Demokratie)?

Ja. Ich würde es auch nicht so wie in der Schweiz machen, aber ich würde mir schon wünschen, dass Bürger öfter als alle vier Jahre bei der Bundestagswahl oder bei den Landtagswahlen die Chance haben, bei bestimmten Entscheidungen aktiver mitzubestimmen.

Wer sollte alles Wahlrecht haben?

Wahlrecht sollten alle über 18 haben. Also wirklich erst ab 18 dann, und dann halt jeder deutsche Staatsbürger.

Was heißt für Dich Freiheit?

Freiheit ist für mich die Individualität eines jeden Menschen und dass man die Dinge so machen kann, wie man sie will, solange man sich an Gesetze hält.

Wann hört das für Dich auf? Du würdest Dich also immer an Gesetze halten?

Ja, natürlich. Wenn man über eine rote Fußgängerampel geht, ist es vielleicht harmlos, aber bei stärkeren Vergehen hört für mich die Freiheit auf.

Was hieltst Du von der Maskenpflicht?

Die Masken hatten aus meiner Sicht einen Sinn und sie haben auch wirklich geschützt; ich war vielleicht im letzten Jahr auch nicht immer mit den Maßnahmen zur Eindämmung der Corona-Pandemie zufrieden, aber meistens schon. Ich habe eine Mutter, die im Krankenhaus arbeitet, und die hat es mitbekommen. Am Anfang war Corona wirklich schlimm, von daher hat es Sinn gemacht, eine Maske im Bus aufzusetzen. Im letzten Jahr waren die Freiheitseinschränkungen manchmal schwierig, vor allem weil Freiheit eine der wichtigsten Dinge in der Demokratie in Deutschland sind. Daher sind die Grundrechtseinschränkungen zwar manchmal problematisch, aber größtenteils gerechtfertigt.

Was heißt für Dich Gleichheit oder Gerechtigkeit? Also, wir haben eine Pizza und drei Männer und Du musst die Pizza teilen. Der erste Mann arbeitet, der zweite Mann arbeitet nicht und der dritte arbeitet nicht, weil er eine Behinderung hat. Wie würdest Du die Pizza aufteilen?

Man kann natürlich nur schwer vom Beruf auf eine Pizza schließen, aber ich bin der Meinung, dass wenn man nicht arbeiten kann, dann sollte unser Sozialstaat auffangen und unterstützen, damit sich die Person wieder in den Arbeitsmarkt integrieren kann. Wenn jemand nicht arbeiten will, dann soll er nicht auf der Straße leben müssen, aber wenn er sich auch nicht bemüht, einen Job zu bekommen, dann soll er schon einen Nachteil haben. Im Beispiel der Pizza würde ich versuchen, das Ganze in drei gleich große Stücke aufzuschneiden und jedem eines geben. Aber in anderen Fällen würde ich anders entscheiden. Wenn es um die Rente geht oder andere Dinge, würde ich schon sagen, dass der Arbeitende bevorzugt werden sollte, da er einen Beitrag für die Bevölkerung leistet. Er tut auch etwas für die Wirtschaft in Deutschland und von daher sollte er bevorzugt werden.

Glaubst Du, dass im Internet eher die Wahrheit zu finden ist als in den herkömmlichen Medien?

Es gibt mehr Fake News im Internet als in den Öffentlich-Rechtlichen, aber solange man sich auf den richtigen Seiten befindet und auf die richtigen Quellen verlässt, ist das Internet ebenso wahr. Man kann ja auch die Öffentlich-Rechtlichen oder die Zeitungen in den sozialen Medien finden.

Aber sind dann die sozialen Netzwerke unseriöser, wenn da nicht gerade eine bekannte Zeitung dahintersteht?

Da kann man natürlich schon viel mehr Falschinformationen auffangen als jetzt bei den klassischen Medien. Man muss wirklich aufpassen und immer mit gesundem Menschenverstand lesen, aber wenn man nicht aufpasst und das nicht hinterfragt, dann kann man schon schnell auf die falschen Informationen reinfallen.

Was ist ein Verfassungsstaat?

Ein Verfassungsstaat ist ein Staat, der sich an die Verfassung hält. Wir haben ja hier eine Verfassung in Deutschland.

Weißt Du, was Volkssouveränität bedeutet?

Das hat was mit dem Volk zu tun, aber ich kann es nicht genau definieren.

Ich glaube es geht darum, dass das Volk, also die Bürger in Deutschland, an einem Strang ziehen.

Was, glaubst Du, macht der Bundestag?

Der Bundestag diskutiert über Gesetzesvorschläge, über Änderungen in den Gesetzen. Es ist gut, dass sie darüber diskutieren und dass es verschiedene Parteien gibt. Und dann gibt es Gesetzesentwürfe von den verschiedenen Parteien, über die wird diskutiert und entschieden.

Vertraust Du dem Bundesverfassungsgericht?

Ja. Natürlich sind manche Urteile ein bisschen fragwürdig, aber grundsätzlich habe ich schon auf jeden Fall das Vertrauen in die Gerichte.

Der Landesregierung?

Ich habe keinen Grund, warum ich der Landesregierung nicht vertrauen sollte.

Der Bundesregierung?

Ich traue auch unserer Bundesregierung. Manche Sachen kann man nicht nachvollziehen, aber grundsätzlich traue ich denen schon.

Parteien allgemein?

Es gibt auch für mich Parteien, die mich jetzt mehr oder weniger ansprechen, und oftmals sind Gesetzesentwürfe und Vorschläge nicht gut, aber grundsätzlich vertraue ich den Parteien. Man muss halt immer schauen, dass das Ganze nicht ins Extreme rutscht, aber grundsätzlich vertraue ich den Parteien, die im Bundestag sitzen und auch im Landtag.

Glaubst Du, dass Parlamente / Politiker im Sinne derer handeln, die sie gewählt haben, oder anderweitig gelenkt werden? Wenn ja, von wem?

Ich glaub nicht, dass jetzt Politik anderweitig gelenkt wird, wozu es ja viele Verschwörungstheorien gibt. Politiker regieren auch für die Bürger. Deutschland richtet sich auch nach Europa und der Welt, und da denkt man sich dann, auch in Deutschland gibt es Defizite, um die man sich mehr kümmern müsste.

Wenn Du jetzt wählen könntest, was wolltest Du mit Deiner Wahl erreichen? Einfluss auf die Zusammensetzung der Regierung, damit eigene politische Interessen berücksichtigt werden, oder Kritik an der Politik ausdrücken?

Definitiv das Erste. Da liegt für mich nicht die Kritik im Vordergrund. Ich würde wählen, um eine gute Regierung, die meinen Interessen entspricht, zu erreichen.

Falls Du noch nicht wählen darfst: Würdest Du gerne mehr eingebunden werden und wie?

Ja. Grundsätzlich würde ich schon ganz gerne mehr ins Politische eingebunden werden. Man könnte mehr Volksabstimmungen in Deutschland einführen, aber dann für die über 18-jährigen deutschen Staatsbürger.

Wie sollten sich unter-18-jährige beteiligen?

Ja, es wäre ja schon schön, wenn die Politiker mehr mit den jungen Leuten reden würden und in die Schulen gingen. Außerdem kann man auch als unter 18jähriger in eine Partei eintreten.

3.10 Ich bin absoluter Liberaler

Männlich, 17 Jahre, Berufsschule (vorher Realschule), Ort mit 53.000 Einwohnern, Juli 2022

Ich kann es ganz offen und ehrlich sagen, ich bin absoluter Liberaler!

Was bedeutet für Dich Demokratie?

Demokratie bedeutet für mich, dass jeder seine eigenen Interessen in Deutschland leben darf, dass jeder zu seinen Interessen stehen kann, dass jeder zu seiner Meinung stehen kann, dass man sagen kann, was man sich denkt, dass man dabei angehört wird, dass man Feedback für seine Meinung bekommt, und dass die Meinung auch akzeptiert wird.

Sprichst Du oft über Politik und hast Du den Eindruck, dass Du Deine Meinung frei sagen kannst?

Ich spreche schon oft über Politik, im Familienkreis, im Freundeskreis und wo man sich halt über das Thema Politik in lockeren Gesprächen oder in einer angenehmen Runde am Abend einfach unterhält. Jeder hat seine Interessen und seine Standpunkte, und daraus entstehen dann Gespräche und Diskussionsrunden, die einen weiterbringen. Was die Meinungsfreiheit anbelangt, so kann man frei sprechen, und ich stehe zu meiner Meinung. Man muss mit Gegenwind rechnen und damit klarkommen.

Findest Du es gut, dass wir in einer Demokratie leben?

Auf jeden Fall finde ich es gut. Demokratie bringt viele Vorteile mit sich, die ich oben genannt habe.

Fühlst Du Dich durch die aktuelle Regierung, oder von denen die Du wählen würdest, repräsentiert?

Also insoweit, dass die Partei, die ich wählen würde, aktuell in der Regierung ist. Ich kann es ja ganz offen und ehrlich sagen, ich bin absoluter Liberaler, ich hätte gelb gewählt, wenn ich dieses Jahr meine Stimme hätte geben dürfen. Ich bin Mitglied bei den Jungen Liberalen (Stadt X). Hierfür muss man keine 18 Jahre alt sein. Daher fühle ich mich dahingehend vertreten, dass ein Stück weit Eigeninteressen durchgesetzt werden können, wenn auch die anderen zwei Parteien in eine ganz andere Richtung gehen. Bei rot und grün gehen die Interessen so weit auseinander, dass ich mich gewiss nicht zu 100 Prozent vertreten fühle.

Du bist Mitglied in einer Partei. Was machst Du dort?

Wir haben Parteiabende oder eben Parteisitzungsrunden, wo sich die regionalen Parteimitglieder untereinander kennenlernen und Leute, die gerne in den Landtag wollen, auch mal vorstellen kommen und einfach ihre Wahlversprechen, Wahlthesen oder ihre Wahlideologien präsentieren. Natürlich geht es immer auch ums „Netzwerken". Ich bin ein Mensch, ich tausche mich gerne mit anderen Menschen aus, also wenn es irgendwo die Möglichkeit gibt, sich über Themen zu unterhalten und neue Perspektiven kennenzulernen, dann nutze ich das.

Engagierst Du Dich in einer Organisation, das kann auch ein Verein oder Orchester, etc. sein?

Ja. Ich bin seit sechs Jahren bei der Freiwilligen Feuerwehr.

Bist Du religiös?

Christlich-katholisch.

Aktiv? Machst Du irgendetwas in der Kirche?

Nein. Ich bin auch sehr selten in der Kirche. Also höchstens mal Weihnachten und Ostern. Ich stehe einfach nicht hinter unserer Kirche und der Art und Weise, wie die Kirche hinter dem Glauben mit ihren Mitgliedern und vor allen Kindern umgeht. Das finde ich nicht gut. Das ist für mich ein großes Thema, weswegen ich eher zum Kirchenaustritt tendiere als zur Kirchenmitgliedschaft.

Was ist für Dich das wichtigste Thema, um das sich die Politik dringend kümmern müsste?

Schule. Schulbildung.

Und was genau fehlt?

Es fehlen Fächer, die zur Persönlichkeitsbildung beim Menschen beitragen. Fächer von „Wie gehe ich richtig mit anderen Menschen um?“, Fächer wie „Wie senke ich mein eigenes Stresspensum?“, „Wie werde ich glücklich?“, „Wie meditiere ich richtig?“. Ich selbst glaube an Meditation zum Fokussieren. Gut fände ich auch sowas wie: „Wie spricht man miteinander?“, „Wie führt man Personal?“. Meiner Meinung nach fehlen Fächer zur Persönlichkeitsentwicklung oder Praktisches wie Unternehmensgründung.

Aber was würdest Du zum Beispiel sofort abschaffen, wenn Du könntest und warum?

Rundfunkbeiträge. Ich bin kein Fan von unseren öffentlichen Sendern, ich schaue wenig Fernsehen, höre kein Radio und bilde mich gerne über Podcasts und Videos. Die Beiträge liegen bei rund 200 Euro jährlich. Das würde ich gerne besser investieren.

Die Podcasts, die Du hörst, die sind also nicht vom öffentlich-rechtlichen Rundfunk. Woher dann?

Ich höre gerne XX oder XX. Alle, die in die Richtung gehen, was mich persönlich interessiert, Persönlichkeitsentwicklung oder Weiterbildung. Wenn es ein themenspezifischer Podcast oder ein themenspezifisches Video ist, dann darf es auch mal von YouTube sein, wo ich dann überprüfe, von wem ich mir gerade die Informationen einhole. Wie sind die recherchiert? Und welche Verbindung hat die Person mit dem Thema.

Habt Ihr Rundfunkgebühren durchgenommen? Weil Du heute schon der zweite bist, der das sagt?

Nein, das ist Zufall. Das ist für mich einfach ein Thema, weil das Ausgaben sind, die nicht sein müssen.

Fühlst Du Dich in der Bundesrepublik Deutschland diskriminiert?

Nein.

Oder kriegst Du mit, dass andere diskriminiert werden?

Nein. Ich glaube, ich bewege mich nicht in einem Umfeld, wo dies einen Platz hätte. Wenn es so etwas gäbe, würde ich mich auch distanzieren.

Was hältst Du vom Grundgesetz der Bundesrepublik Deutschland?

Es ist wichtig, dass es das gibt. Es sind Rechte, die jeder Mensch hat, die niedergeschrieben sind und die eingesehen werden können. Es ist klar, wo die Rechte beginnen, wo die Rechte enden oder wie weit mein persönliches Recht geht. Ich lese sehr viel und gerne, und wenn ich da im Grundgesetz jetzt nachlesen kann, wo meine Rechte liegen, dann gibt mir das ein gewisses Gefühl von Sicherheit durchaus auch. Sagen zu können, okay, das ist mein Recht, das kann ich vertreten, und dafür kann ich auch ohne Bedenken einstehen.

Hättest Du gerne mehr Volksentscheide (direkte Demokratie)?

Ja, weil ich der Überzeugung bin, dass mit kürzeren Entscheidungswegen die Meinung der Bevölkerung besser vertreten und wiedergegeben werden kann.

Bayern hat ja Volksbegehren, hast Du da mal von einem mitgekriegt?

Lokale Volksbegehren, Modernisierungen von Eisstadion, Bau eines neuen Schwimmbads in der Stadt X, das war ja damals Thema, XY-Schwimmbad zu schließen, zentrales Schwimmbad zu errichten, solche Volksentscheidungen gibt es natürlich immer wieder, obwohl die jetzt natürlich bloß regional sind.

Wer sollte alles Wahlrecht haben?

Alle Menschen ab dem 18. Lebensjahr. Ich finde Wahlen mit 16 Jahren zu früh. Das Thema gibt es immer wieder, aber ich finde, dass mit 16 Jahren der Weitblick fehlt, Entscheidungen zu treffen, die vielleicht Auswirkungen auf mehrere Generationen haben können. Mit 18 Jahren hat man immerhin ein bisschen Erfahrung.

Also meinst Du damit alle deutschen Staatsbürger?

Deutsche Staatsbürgerschaft ist natürlich schon Voraussetzung. Man sollte schon in Deutschland leben, der deutschen Sprache mächtig sein, nach deutschen Grundsätzen und nach deutschem Recht handeln, selber Vor- und Nachteile von Deutschland kennen, um dann auch Entscheidungen für die Allgemeinheit treffen zu können oder treffen zu dürfen. Und mit einer Wahl habe ich immer auch Verantwortung, und der sollte ich mir schon bewusst sein, dass ich damit auch Veränderungen bewirke.

Was heißt für Dich Freiheit?

Das heißt, meine Meinung äußern zu dürfen, mich frei entwickeln zu können, meinen Interessen nachgehen zu können, machen zu können, was mir Spaß macht, und dann natürlich im Rahmen des Gesetzes machen dürfen, was mir Spaß macht, in dem Sinne. Auch zeitliche Ungebundenheit bedeutet für mich Freiheit.

Wo endet für Dich die Freiheit? Du hattest ja schon gesagt gesetzlich. Aber zum Beispiel hat man während der Corona-Pandemie Entscheidungen getroffen, und da haben manchen Leuten diese Entscheidungen nicht gefallen. Hättest Du andere Entscheidungen getroffen?

Gerade in der Anfangszeit, als man noch nicht so viel über Corona gewusst hat, bin ich lange hinter den Entscheidungen gestanden. Für mich musste eine Maskenpflicht sein, auch die Ausgangsbeschränkungen oder das Schließen der Schulen waren für mich in Ordnung. Ab einem gewissen Punkt fand ich bloß, dass man medizinisch und auch vom Wissen her schon soweit gewesen wäre, gewisse Entscheidungen anders und besser zu treffen. Wir haben Zeiten gehabt, da sind wir alle mit

Maske umhergelaufen, jetzt haben wir so gut wie keine Maskenpflicht mehr außer im öffentlichen Nahverkehr. Warum gibt es da immer noch die Maskenpflicht, wenn ich jetzt überall anders auch ohne Maske sein darf? Und das sind so Entscheidungen, da war ich einfach anderer Meinung, das hätte man anders handhaben können.

Nun zum Thema Gleichheit oder Gerechtigkeit. Also, wir hätten eine Pizza und drei Männer und Du musst die Pizza aufteilen. Der erste Mann arbeitet, der zweite Mann arbeitet nicht und der dritte arbeitet nicht, weil er eine Behinderung hat.

Für mich ist Gerechtigkeit folgendes: Zwei Drittel für den Arbeitenden, ein Drittel für den mit der Behinderung und keins für den, der nicht arbeitet. Das erkläre ich so, dass wenn jemand nicht arbeitet, weil er eine Behinderung hat, muss man ihm helfen. Wenn jemand nicht arbeitet, weil er nicht arbeiten möchte, dann sehe ich keinen Grund, warum ich den Menschen „durchfüttern" sollte. Wenn es aber dann um eine Grundsicherung geht, muss man nochmal genauer hinschauen, warum jemand nicht arbeitet. Wenn er einfach nur gerne bis 12 Uhr schläft braucht das niemand zu bezahlen.

Glaubst Du, dass im Internet eher die Wahrheit zu finden ist als in den herkömmlichen Medien? Also mit Internet meine ich soziale Netzwerke, YouTube, und mit herkömmlichen Medien meine ich die öffentlich-rechtlichen Rundfunksender.

Ich bin der Meinung, dass man sich nicht nur auf die sozialen Medien beschränken sollte. Videos von Privatpersonen, die ihre Meinung widerspiegeln, sind mit Sicherheit genauso wichtig wie irgendwelche Zeitungsartikel, auch wenn ich manchmal bezweifle, dass da die ganze Wahrheit drinnen liegt, aber wenn ich mich jetzt entscheiden müsste: In YouTube Podcasts von Privatpersonen liegt oftmals mehr Wahrheit als in den öffentlich-rechtlichen.

Und warum misstraust Du den öffentlich-rechtlichen Medien?

Ich bin der Meinung, dass gefilterte Inhalte dazu führen, dass oftmals nur eine Seite repräsentiert wird und die Gegenseite ungerne beleuchtet wird. Und da ist es gut, wenn man das ganze vielleicht mal von einer anderen Perspektive betrachtet. Das tut unseren Öffentlich-Rechtlichen ganz gut.

Was ist ein Verfassungsstaat?

Sie meinen jetzt den Staat, wo die Staatsgewalt quasi an die Verfassung gebunden ist, oder?

Weißt Du, was Volkssouveränität bedeutet?

Vielleicht, dass das Volk der Träger von der Staatsgewalt ist.

Was, glaubst Du, macht der Bundestag?

Der Bundestag diskutiert erst Mal über gewisse Themen und erlässt oder bringt Entwürfe für Gesetze zur Abstimmung.

Macht er sonst noch etwas?

Das wäre jetzt mal die Hauptaufgabe, die ich darin gesehen hätte. Einfach Themen in die Runde werfen, über Themen diskutieren, Verfassungsentwürfe aufsetzen und darüber dann hoffentlich zum Wohl der Bevölkerung entscheiden.

Vertraust Du dem Bundesverfassungsgericht?

Ja, schon.

Der Landesregierung?

Ja.

Der Bundesregierung?

Es gibt auch schwarze Schafe drunter. Nicht vollumfänglich.

Vertraust Du Parteien allgemein?

Genau die gleiche Antwort. Gibt überall solche und solche.

Glaubst Du, dass Parlamente/Politiker im Sinner derer handeln, die sie gewählt haben, oder anderweitig gelenkt werden?

Ich hoffe, oder ich würde mir wünschen, dass die Politiker im Sinne von denen handeln, von denen sie gewählt werden, und ich würde mir wünschen, dass die Parteien dann auch im Sinne von diesen Interessen handeln. Aber da gibt es verschiedene Interessen. Dazu gehört zum Beispiel die Diskussion um die Krankenkassen. Bei der Einführung einer allgemeinen Krankenversicherung für alle wollte man die privaten Krankenversicherungen weghaben. Man muss in der Politik Kompromisse finden.

Wenn Du wählen könntest, was würdest Du mit Deiner Wahl erreichen wollen? Einfluss auf die Zusammensetzung der Regierung, damit eigene politische Interessen berücksichtigt werden, oder Kritik an der Politik ausdrücken?

Das erste, weil ich der Meinung bin, dass nur Kritik an der Politik ausdrücken nicht zu Lösungen führt. Wir brauchen Lösungen! Keine Menschen, die zeigen, wie es nicht geht, sondern Menschen, die zeigen, wie es geht.

Also, Du kannst ja noch nicht wählen, zwar bald, aber jetzt noch nicht, würdest Du gerne mehr eingebunden werden in politische Entscheidungen als Jugendlicher und wie stellst Du Dir das vor?

Wie gesagt, ich finde es ganz okay, wie es ist, weil ich der Meinung bin, dass weitreichende Entscheidungen erst mit 18 getroffen werden sollen, und dazu stehe ich auch. Ich war auch nicht bei Fridays for Future und bin auch nicht auf die Straße gegangen, um für den Klimawandel oder den Klimaschutz zu demonstrieren.

Du bist bei den Jungen Liberalen engagiert, also Du nimmst schon Einfluss. Aber hättest Du irgendwelche Ideen, wie man Jugendliche einbeziehen könnte, die das nicht machen?

Ich finde, wenn sich Jugendliche oder Kinder für politische Themen interessieren, dann sagen sie ihre Meinung und was sie denken sowieso. Wenn sich jemand nicht für Politik interessiert, dann ist er so weit weg von der Realität, dass seine Meinung nicht zu einer Lösung beitragen würde.

3.11 Politiker sollen auf die Arbeiter zugehen

Männlich, 17 Jahre, Berufsschule (davor Mittelschule), Ort mit 3000 Einwohnern, Juli 2022

Wichtig wäre, dass die Politiker auf den Kleinen, also auf den Arbeiter zugehen – weil der Arbeiter ist ja das, was es ausmacht

Was bedeutet für Dich Demokratie?

Ich finde Demokratie ungefähr wie das Zusammenhalten und das Miteinander. Nicht, dass einer das allein macht, sondern dass viele mitbestimmen dürfen und auch die „normalen" berufstätigen Leute. Die haben auch ein wenig Mitspracherecht.

Sprichst Du oft über Politik und hast Du den Eindruck, dass Du in Deutschland Deine Meinung frei sagen kannst?

Wirklich frei kann man die Meinung eigentlich nicht sagen. An manchen Orten kann man schnell als Rassist oder sowas bezeichnet werden.

Und mit wem sprichst Du über Politik?

Meist in der Schule und in der Arbeit. Manchmal mit den Kollegen.

Findest Du es gut, dass wir in einer Demokratie leben?

Ja und nein.

Warum nein?

Es ist zwar gut, wenn alle mitsprechen dürfen, aber manche, die mitsprechen, die sprechen manchmal nicht das, was man sich vorstellt.

Lebst Du gerne in einer Demokratie?

Ich finde es gut, weil jeder mitsprechen kann. Ich fände es besser, wenn auch die Jugendlichen unter 18 Jahren schon ein Mitspracherecht hätten.

Fühlst Du Dich durch den Staat repräsentiert?

Nein.

Und warum nicht?

Die Steuern sind zu hoch.

Wenn Du Politiker wärst, würdest Du die Steuern senken?

Ja. Und die Hundesteuer ist für mich nicht sinnvoll.

Fühlst Du Dich repräsentiert von den Politikern im Parlament? Entscheiden die Dinge, die für Dich in Ordnung sind?

Nein, also die repräsentieren das nicht.

Bist Du politisch aktiv?

Wenig. Ich lese die Zeitung und schaue mir jeden Tag an, was in der Welt passiert. Ab und zu diskutiere ich mit Freunden oder mit Lehrern darüber.

Bist Du Mitglied in einer Partei?

Nein, noch nicht.

Engagierst Du Dich in einer Organisation, das kann auch ein Verein oder Orchester, etc. sein?

Ich bin im Geflügelzuchtverein seit 5 Jahren. Derzeit bin ich Fahnenjunker, aber vielleicht kann ich noch Kassier oder Schriftführer werden.

Bist Du religiös?

Ja, katholisch.

Gehst Du auch in die Kirche?

Ja, mindestens einmal im Monat, aber meistens jeden Sonntag.

Und machst Du auch etwas in der Kirche?

Nur hingehen.

Was ist für Dich das wichtigste Thema, um das sich die Politik dringend kümmern müsste?

Die Politik müsste sich mehr um die Wirtschaft kümmern.

Was genau soll gemacht werden?

Derzeit gehen die Preise in die Höhe wegen dem Ukrainekrieg. Das kann man verstehen, da die Speicher und Zulieferungshähne abgedreht werden, aber da könnte man zum Beispiel den kleinen Firmen einen Zuschuss für ihre Mitarbeiter geben, damit die überleben können. Ich werde Metzger. Mein Chef beschäftigt 18 Personen. Wenn nun der Preis der Wurst in die Höhe geht, kommen die Leute nicht mehr. Auch die anderen Firmen verdienen jetzt weniger, und wie soll das weiter gehen?

Was würdest Du in der Politik verändern?

Die Politiker sollen auf die Kleinen, also auf die Arbeiter, zugehen. Denn die sind ja das, was es ausmacht. Es gibt schon lauter ausländische Arbeiter. Die sind nicht schlecht, aber viele Deutsche beziehen Hartz IV, weil es sich so besser leben lässt.

Das Hartz IV gehört halt abgeschafft, würde ich sagen. Manche Leute können nicht mehr arbeiten und die bekommen das dann. Das ist gut so. Aber manche Leute könnten arbeiten, aber sie mögen nicht, und auf solche Leute sollte man zugehen und ihnen erklären, warum es so nicht geht.

Was würdest Du sofort abschaffen, wenn Du könntest?

Die Genehmigungssachen finde ich schwierig, ich meine die Baugenehmigungen vor allem im Ortsaußenbereich. Die sollten abgeschafft oder zumindest erleichtert werden. Da darf man nichts bauen. Auch manche Steuern gehören abgeschafft. Da geht es nur darum, dass man dem Staat Geld leiht, obwohl es der Arbeiter, also der kleine Mann, für sich selber braucht.

Leute, die wenig verdienen, sollten weniger bezahlen müssen. So arbeitet beispielsweise mein Bruder bei einem ganz normalen Metzger. Der ist 24 Jahre alt und verdient 1900 Euro. Jetzt wenn er sich ein Haus mieten würde, und er hat ein Auto – wie soll er das bezahlen? Auch kann er sich nichts auf die Seite legen. Das geht nicht. Er muss natürlich Steuern zahlen. Für die Leute, die weniger verdienen als die anderen, da bräuchte es eine Steuersenkung.

Fühlst Du Dich in der Bundesrepublik Deutschland diskriminiert?

Diskriminiert nicht, aber man fühlt sich vom Staat ein bisschen hintergangen.

Was hältst Du vom Grundgesetz der Bundesrepublik Deutschland?

Dazu habe ich keine Meinung.

Hättest Du gerne mehr Volksentscheide (direkte Demokratie)?

Klar. Man möchte doch selber mitentscheiden. Zwar wählt man die Abgeordneten von seinem Landkreis, aber man möchte doch auch ein wenig mehr Mitspracherecht. Wir wollen doch auch unsere Meinung sagen dürfen. Wenn die Meinung gut ist, dann ist jeder damit einverstanden.

Wer sollte alles Wahlrecht haben?

Also ich fände Wahlrecht ab 16 Jahren auch schon gut. Es gibt 16-jährige, die Blödsinn reden, aber es gibt auch 16-jährige, die vorausschauend denken, und die könnten dann mitwählen. Das weiß man halt nicht. Zwar hat der 18-jährige zwei Jahre mehr Lebenserfahrung, aber wenn der 16-jährige eine gute Meinung hat und der 18-jährige nicht, dann ist es ja egal, wer da wählt.

Was heißt für Dich Freiheit?

Wenn ich zum Beispiel im Ortsaußenbereich bin und man darf nichts bauen, dann ist das für mich keine Freiheit.

Wieso darfst Du nichts bauen?

Das sagt das Landratsamt. Wenn es „Ortsaußenbereich“ ist, kann man mit der Gemeinde und mit dem Landratsamt lange diskutieren, bis man eine Genehmigung bekommt. Die Gründe dafür kenne ich nicht. Wenn ich sie kennen würde, dann würde ich es vielleicht verstehen.

Was heißt für Dich Gleichheit oder Gerechtigkeit? Du hast eine Pizza und drei Männer und Du sollst die Pizza verteilen. Der eine Mann arbeitet, der zweite arbeitet nicht, der dritte arbeitet nicht, weil er eine Behinderung hat. Wie würdest Du die Pizza verteilen?

Der, der nicht arbeitet, der würde von mir am wenigsten bekommen, der Behinderte und der, der arbeitet, der würde von mir das gleiche bekommen. So einfach.

Und wenn es jetzt nicht um Essen ginge, sondern um Geld. Wie würdest Du dann verteilen?

Der Behinderte, der kriegt Krankengeld, weil er eine Behinderung hat. Dafür kann er nichts. Derjenige, der arbeitet, der arbeitet für sein Geld; und der, der nichts arbeitet, der hat aus meiner Sicht nichts verdient. Ich verstehe nicht, warum solche Leute Hartz IV bekommen. Dem fehlt nichts, das ist ein gesunder Mensch. Der hat zwei Hände, der könnte arbeiten, aber er will nicht. Das ist für mich unverständlich.

Glaubst Du, dass im Internet eher die Wahrheit zu finden ist als in den herkömmlichen Medien? Mit Internet meine ich Social Media und mit herkömmlichen Medien meine ich öffentlich-rechtliche Sender oder Zeitungen – was natürlich auch im Internet stehen kann.

Also im Internet, da steht zwar viel drin, aber viel stimmt auch nicht, ich vertraue eher dem Radio, dem Fernseher oder der Zeitung.

Weißt Du, was ein Verfassungsstaat ist?

Nein.

Weißt Du, was Volkssouveränität bedeutet?

Das habe ich schonmal gehört, doch dazu fällt mir nicht direkt was ein.

Was, glaubst Du, macht der Bundestag?

Da ist doch von jedem Bezirk jemand dabei. Die beraten sich. Während der Coronakrise haben sie sich beispielsweise beraten, wie sie dieses Problem am schnellsten beheben.

Passiert da auch irgendwas mit dem, was die beraten haben, oder reden die nur?

Ich glaube, das geht weiter zum Bundesminister. Und wenn der das gut findet, geht das raus.

Vertraust Du dem Bundesverfassungsgericht?

Fünfzig zu fünfzig.

Warum misstraust Du denen? Was glaubst Du, was die machen?

Jeder kann die übers Ohr hauen.

Der Landesregierung? Also der bayerischen Regierung?

Ja.

Der Bundesregierung?

Ja, zum Teil.

Parteien allgemein?

Nicht jeder.

Aber findest Du gut, dass es welche gibt?

Ja. Weil die eine Partei hat die eine Meinung, die andere hat eine andere Meinung. Die sollen einen Entschluss finden.

Glaubst Du, dass Parlamente / Politiker im Sinne derer handeln, die sie gewählt haben, oder anderweitig gelenkt werden?

Also, ich glaube, die werden anderweitig gelenkt, weil an die, die sie gewählt haben, denken die nicht.

Und von wem werden die gelenkt?

Der, der zahlt, der sagt, wie es gemacht wird.

Und wer hat das Geld? Wer, glaubst Du, ist das?

Ich denke, der Staat, und das sind die Politiker, die machen einfach ihr Ding.

Und woher bekommen sie Geld?

Ich denke, das sind die Steuergelder.

Aber glaubst Du, es zahlen ihnen noch andere was?

Es wird sicher Leute geben, die Schmiergeld bezahlen, damit die das nicht so machen, wie wir uns das vorstellen. Und wer die Leute sind, das wissen wir nicht, und das werden die uns nicht sagen.

Also, Du bist 17 Jahre alt. Du kannst nächstes Jahr wählen. Was willst Du mit Deiner Wahl erreichen? Willst Du lieber Einfluss auf die Zusammensetzung der Regierung erreichen, damit eigene politische Interessen berücksichtigt werden, oder willst Du Kritik an der Politik ausdrücken?

Kritik an der Politik ausdrücken.

Würdest Du schauen, welche Partei am besten für die Landwirtschaft, für Metzger oder für Leute ist, die wenig verdienen? Oder würdest Du sagen, ich wähle einfach irgendwas?

Meine Stimme würde ich nicht vergeuden, sondern einer Partei geben, von der ich auch überzeugt bin.

Wärst Du gerne in den letzten Jahren mehr eingebunden worden?

Ja, dann wäre vieles anders gelaufen.

Was hättest Du denn zum Beispiel geändert? Oder wie hättest Du gehört werden wollen?

Das Bio und das Naturland ist immer mehr im Kommen. Das Konventionelle soll nun schlecht sein.
Ich hätte das gewählt, was meine Eltern wählen, denn das finde ich auch richtig, sagen wir mal so, den Einblick habe ich zwar nicht, aber ich denke, dass die das wählen, was ich auch für richtig halten würde.

Aber würdest Du nicht etwas wählen, was speziell Jugendliche betrifft?

Nein, ich habe keine speziellen Probleme.

Also es geht darum, dass Jugendliche mehr gehört werden, weil sie nicht wählen dürfen. Wie könnten Jugendliche mehr Einfluss gewinnen?

Wir könnten selber eine Partei oder eine Jugendorganisation gründen.

3.12 Mercedesz: Feminismus interessiert mich

Mercedesz, weiblich, 17 Jahre, Realschule, Ort mit 13.000 Einwohnern, Juli 2022

Ich veröffentliche auf meinem Instagram sehr viel zu Feminismus

Was bedeutet für Dich Demokratie?

Also Demokratie ist für mich, dass ich alles frei machen kann, ohne Grenzen zu haben. Früher hat man Jobs zugeteilt bekommen, was man gerade gebraucht hat, als es noch keine Demokratie gab. Und dann könnte ich den Job nicht machen, den ich vorhabe. Also, ich interessiere mich für Sprachen und Kulturen und möchte später als Übersetzerin arbeiten. Und ich glaube nicht, dass das mit dem vielen Reisen sonst möglich wäre.

Sprichst Du oft über Politik und hast Du den Eindruck, dass Du in Deutschland Deine Meinung wirklich frei sagen kannst?

Ja, ich glaube schon. Meine politische Meinung kann ich frei sagen.

Findest Du es gut, dass wir in einer Demokratie leben?

Ja, natürlich.

Fühlst Du Dich durch den Staat repräsentiert?

In den meisten Fällen schon; also da, wo ich mich repräsentiert fühlen möchte.

Bist Du politisch aktiv?

Wir wohnen in einer sehr kleinen Stadt und da gibt es weniger Sachen. Demonstrationen zum Beispiel gar nicht. Wenn ich in einer Großstadt leben würde, dann würde ich sicherlich auf Demonstrationen gehen. Ich veröffentliche auf meinem Instagram viel zu Feminismus, vor allem zu den Problemen in Amerika. Ich zeige auch meine Meinung zu den politischen Themen.

Was wäre das zum Beispiel?

Ich veröffentliche beispielsweise zu Abtreibung oder Krankheiten wie zum Beispiel Endometriose, worüber in den Medien sehr wenig gesprochen wird. Das ist für mich wichtig; jede neunte bis zehnte Frau hat diese Krankheit und sehr viele wissen gar nichts davon.

Bist Du Mitglied in einer Partei?

Nein, bin ich nicht.

Engagierst Du Dich in einer Organisation, das kann auch ein Verein oder Orchester, etc. sein?

Nein.

Bist Du religiös?

Zum Teil. Also ich nehme an Religionsunterricht teil und manchmal gehe ich auch zur Kirche, aber besonders engagiert bin ich nicht.

Aber Du bist Kirchenmitglied?

Ja.

Und in welcher Kirche ist das?

Katholische Kirche.

Was ist für Dich das wichtigste Thema, um das sich die Politik dringend kümmern müsste?

Feminismus ist das Wichtigste. Für Abtreibung soll ja jetzt auch wieder Werbung erlaubt werden, und das finde ich gut. Ich finde, dass sich mehr Leute für die Frauenrechte einsetzen sollten, zum Beispiel bei femininen Hygieneprodukten. Zum Beispiel sollte der Luxus-Extrapreis wegfallen, weil das Produkte sind, die jeden Tag jede Frau benutzt.

Was würdest Du in der Politik verändern?

Mehr Frauenrechte umsetzen.

Was würdest Du sofort abschaffen, wenn Du könntest?

Das Abortionsverbot in Amerika würde ich abschaffen. Wichtig wäre, dass man auch später als nach drei Monaten abtreiben könnte.

Fühlst Du Dich in der Bundesrepublik Deutschland diskriminiert?

Nein.

Hast Du Diskriminierung von Leuten aus Deinem Freundeskreis oder im Umfeld erlebt?

In der Schule hatte ich ein Problem bei der Französischprüfung. Ich bin in Ungarn geboren und aufgewachsen, deswegen habe ich einen ungarischen Akzent. Bei einer Französischsprachprüfung habe ich deswegen Punktabzug bekommen.

Was hältst Du vom Grundgesetz der Bundesrepublik Deutschland?

Das finde ich gut, auch wenn es manchmal nicht bei allen Leuten eingehalten wird.

Hättest Du gerne mehr Volksentscheide (direkte Demokratie)?

Das ist eine schwierige Frage. Ich finde, dass wir in unserem Landkreis sehr gut repräsentiert werden und dass die Meinung des Volkes angehört wird. Aber wenn Menschen, die zum Beispiel die AfD unterstützen, größeren Einfluss auf Entscheidungen bekämen, dann hätten wir ein Problem zum Beispiel bei Gesetzen.

Wer sollte alles Wahlrecht haben?

Man sollte das Wahlalter wie derzeit diskutiert auf 16 Jahre senken, weil Jugendliche die Zukunft sind.

Was heißt für Dich Freiheit?

Freiheit heißt für mich das, was ich oben schon gesagt habe, und auch, dass ich beispielsweise frei reisen kann.

Und wann endet für Dich die Freiheit?

Wenn ich über meinen eigenen Körper nicht mehr entscheiden darf, gerade was Abtreibung anbelangt. Wenn ich über mein eigenes Leben nicht mehr entscheiden kann, ist es für mich keine Freiheit mehr.

An welcher Stelle würdest Du Deine persönliche Freiheit einschränken?

Bei Drogen hört es für mich beispielsweise auf, also wenn Gesetze übertreten werden.

Was heißt für Dich Gleichheit oder Gerechtigkeit? Du hättest eine Pizza und drei Männer, und Du musst die Pizza verteilen. Der erste Mann arbeitet, der zweite arbeitet nicht, der dritte arbeitet nicht, weil er eine Behinderung hat. Wie verteilst Du die Pizza?

Also, ich würde sagen, der Mann, der behindert ist und der, der nicht arbeitet, bekommn ein Stück mehr als der Mann, der arbeitet, der hat selber Geld. Der Behinderte kann ja nicht arbeiten, obwohl er möchte, und der andere verdient kein Geld und kann sich nichts kaufen.

Wie würdest Du Geld an die drei verteilen?

Also da würde der behinderte Mann mehr brauchen, weil er spezielle Ansprüche hat und dann würden die beiden anderen Männer gleichstehen.

Also Du würdest alle gleich bezahlen, egal welche Arbeit sie machen, bekäme jeder das gleiche Einkommen?

Nicht ganz. Man kann den Bürokaufmann nicht mit einem Arzt vergleichen.

Wäre ein Unterschied im Gehalt dann gerechtfertigt?

Das ist eine schwierige Frage. Man kann zwischen den Arbeiten keine Grenze ziehen, weil manche Arbeiten sind genauso wichtig wie andere, und das kann man einschränken. Das kann ich nicht entscheiden.

Glaubst Du, dass im Internet eher die Wahrheit zu finden ist als in den herkömmlichen Medien?

Also, wenn ich auf Social Media etwas sehen würde, dann würde ich einen Check durchführen, ob das Fake News sind oder nicht, und ich würde bei Zeitungen auch nur den richtigen Quellen vertrauen wie zum Beispiel der Süddeutschen Zeitung, Die Zeit oder sowas ähnliches. Also, jetzt zum Beispiel ein kleines Magazin hat vielleicht mehr Fake News. Und genau so ist es im Internet, da würde ich auch solche wirklich überprüften Medienseiten suchen.

Wenn Du auf Instagram etwas veröffentlichst, beispielsweise zum Thema Endometriose, gibst Du Quellen an? Wie könnte man abklären, dass das, was Du schreibst, stimmt?

Also, ich teile Beiträge von anderen, und die sind oft im Problem drin. Die hatten die Krankheit und haben damit Erfahrung. Die waren beim Arzt, die haben sich durchchecken lassen, die schreiben auch Quellen dazu, zum Beispiel endometriose.org. Da weiß man, dass die Informationen stimmen, und da schaue ich immer nach. Manchmal teile ich Dinge, die ich sowieso weiß, auch wenn die Quelle nicht klar ist. Also, ich versuche, keine Fake News zu verbreiten.

Weißt Du, was ein Verfassungsstaat ist?

Das bedeutet, dass eine Verfassung beziehungsweise Gesetze da sind und man danach lebt.

Weißt Du, was Volkssouveränität bedeutet?

Das ist, wenn das Volk souverän, also frei ist. Ich glaube, dass jeder Staat selbst bestimmen darf und nicht die Europäische Union bestimmt. Vielleicht geht es auch darum, dass das Volk einzigartig ist und selber entscheiden darf.

Was macht der Bundestag?

Der Bundestag hat unter anderem die Aufgabe der Gesetzgebung und die treffen wichtige Entscheidungen wie zum Beispiel über die Corona-Pandemie. Gesundheit, Verkehrspolitik oder ähnliche Sachen.

Vertraust Du dem Bundesverfassungsgericht?

Ich denke schon, kann es aber nicht beurteilen.

Vertraust Du der Landesregierung?

Ja.

Vertraust Du der Bundesregierung?

Bisher ja.

Vertraust Du den Parteien?

Der AfD vertraue ich nicht, weil ich dann wahrscheinlich als Ungarin nicht mehr in diesem Land wohnen darf, wenn die AfD hier regieren würde.

Glaubst Du, dass Parlamente/Politiker im Sinne derer handeln, die sie gewählt haben, oder anderweitig gelenkt werden?

Das kann ich nicht beantworten.

Was willst Du mit Deiner Wahl erreichen, wenn Du wählen könntest? Einfluss auf die Zusammensetzung der Regierung, damit eigene politische Interessen berücksichtigt werden, oder Kritik an der Politik ausdrücken?

Das Erste; ich will, dass meine politische Meinung und meine politischen Ziele vertreten werden, daher wäre Einfluss auf die Regierung wichtig.

Wärest Du gerne mehr eingebunden worden die letzten Jahre oder auch jetzt noch und wie? Hättest Du irgendeine Idee, wie man das machen könnte?

Es gab an verschiedenen Schulen die Juniorwahl, und das finde ich gut.

3.13 Massenabfertigung ist nicht effektiv

Männlich, 17 Jahre, Realschule, Ort mit 37.000 Einwohnern, Juli 2022

Bei Massenabfertigung wird nicht individuell auf die Stärken eingegangen, das ist nicht effektiv.

Was bedeutet für Dich Demokratie?

Dass jeder bei politischen Entscheidungen mitreden kann, also, dass jeder Meinungsfreiheit hat und einen Beitrag leisten darf.

Sprichst Du oft über Politik und hast Du den Eindruck, dass Du in Deutschland Deine Meinung frei sagen kannst?

Ich rede schon oft über Politik und ich habe schon das Gefühl, dass ich meine Meinung frei sagen darf.

Okay, mit wem redest Du da?

Ich rede mit meinen Eltern, meinen Freunden, und so weiter.

Findest Du es gut, dass wir in einer Demokratie leben?

Ja.

Fühlst Du Dich durch den Staat repräsentiert?

Eher, als wenn wir keine Demokratie hätten.

Bist Du politisch aktiv?

Nein.

Bist Du Mitglied in einer Partei?

Nein.

Engagierst Du Dich in einer Organisation, das kann auch ein Verein oder Orchester, etc. sein?

Nein.

Bist Du religiös?

Nein.

Bist Du Mitglied in einer Kirche?

Ja.

Und in welcher?

Katholische Kirche.

Was ist für Dich das wichtigste Thema, um das sich die Politik dringend kümmern müsste?

Die Wirtschaftskrise oder das Bildungssystem.

Was gefällt Dir am Bildungssystem nicht?

Es ist eine Massenabfertigung und geht nicht individuell auf die Stärken ein. Ich finde es nicht sinnvoll, dass man schon nach der 4. Klasse unterteilt wird.

Warst Du immer auf der Realschule oder warst Du vorher in einer anderen Schule?

Ich war bis zur 8. Klasse auf dem Gymnasium und dann bin ich runtergegangen.

Was würdest Du in der Politik verändern?

Wichtig wäre mir, dass die Dinge schneller vorangehen. Vieles wird angekündigt und zwei Jahre später passiert dann mal was.

Und wie würdest Du das machen?

Ich würde einfach im Bundestag abstimmen und dann wäre das entschieden.

Was würdest Du sofort abschaffen, wenn Du könntest?

Ich würde abschaffen, dass Gras rauchen strafbar ist.

Fühlst Du Dich in der Bundesrepublik Deutschland diskriminiert?

Nicht von der Regierung, aber schon manchmal von anderen Leuten, weil ich schwul bin, und es gibt homophobe Leute.

Hast Du Diskriminierung von Leuten aus Deinem Freundeskreis oder im Umfeld erlebt?

Viele meiner Freunde sind Frauen, und wenn die nachts heimgehen, treffen sie auf unangenehme Typen.

Was hältst Du vom Grundgesetz der Bundesrepublik Deutschland?

Ja, finde ich gut.

Hättest Du gerne mehr Volksentscheide (direkte Demokratie)?

Schon, aber es wäre schwierig, das immer durchzusetzen.

Was heißt für Dich Freiheit?

Dass man machen kann, was man will.

Und wo wäre für Dich die Grenze Deiner Freiheit, wo würdest Du Dich einschränken?

Wenn es um andere Leute geht, also um die Freiheit von anderen Menschen. Das muss mit meiner eigenen Freiheit ausbalanciert werden. Bei Coronaregeln schränke ich mich ein.

Was heißt für Dich Gleichheit oder Gerechtigkeit? Also Du hättest jetzt eine Pizza und drei Männer und Du musst die Pizza aufteilen. Der erste Mann arbeitet, der zweite arbeitet nicht, der dritte arbeitet nicht, weil er eine Behinderung hat. Wie würdest Du die Pizza aufteilen?

Jeder bekommt ein gleich großes Stück.

Wenn es aber um Geld ginge und die Grundbedürfnisse von allen befriedigt sind, wie würdest Du Gehälter oder Sozialleistungen aufteilen?

Ja, wer am meisten braucht, würde am meisten bekommen. Aber wenn Grundbedürfnisse schon gedeckt sind, dann würde ich dem, der am meisten leistet, mehr geben, wie auch immer man das definieren kann.

Glaubst Du, dass im Internet eher die Wahrheit zu finden ist als in den herkömmlichen Medien? Mit Medien meine ich Zeitungen, öffentlich-rechtliches Fernsehen, mit Internet meine ich tendenziell Social Media.

Im Internet hört man mehr Meinungen von verschiedenen Leuten, aber die Wahrheit nicht unbedingt.

Weißt Du, was ein Verfassungsstaat ist?

Nein.

Weißt Du, was Volkssouveränität bedeutet?

Das Wort habe ich schonmal gehört. Aber erklären könnte ich es nicht.

Was, glaubst Du, macht der Bundestag?

Gesetze entscheiden.

Vertraust Du dem Bundesverfassungsgericht?

Ja.

Der Landesregierung?

Ja.

Der Bundesregierung?

Ja.

Parteien allgemein?

Ja schon.

Glaubst Du, dass Parlamente / Politiker im Sinne derer handeln, die sie gewählt haben, oder anderweitig gelenkt werden?

Ich glaube, es wird im Bundestag viel Lobbyismus betrieben. Also, ich glaube nicht, dass die unbedingt immer im Interesse des Volkes handeln, wenn auch meistens.

Was wolltest Du, wenn Du wählen könntest, mit Deiner Wahl erreichen? Einfluss auf die Zusammensetzung der Regierung, damit eigene politische Interessen berücksichtigt werden, oder Kritik an der Politik ausdrücken?

Das Erste.

Aber Du darfst noch nicht wählen. Wärest Du gerne mehr eingebunden worden und hättest Du einen Vorschlag wie?

Ja, ich wäre schon gerne mit eingebunden worden, aber bei vielen Leuten in meinem Alter würde ich nicht wollen, dass die eingebunden werden. Also ich glaube, das ist nicht sinnvoll. Ich wüsste auch nicht, wie man das machen sollte.

Wer sollte alles Wahlrecht haben?

Alle ab 18 Jahren.

Würdest Du irgendwas daran ändern?

Nein.

3.14 Christina: Meinungsfreiheit und Frauenrechte im Iran sind mir wichtig

Christina, weiblich, 17 Jahre, Gymnasium, Ort mit 75.000 Einwohnern, Oktober 2022

Jetzt gerade war ich bei einer Demonstration zum Iran für mehr Meinungsfreiheit und für Frauenrechte

Was bedeutet für Dich Demokratie?

Demokratie bedeutet für mich Meinungsfreiheit, Gleichheit, Gelten von Grundgesetzen, Menschenrechten. Aber Meinungsfreiheit ist wahrscheinlich für mich das Wichtigste in der Demokratie.

Sprichst Du oft über Politik und hast Du den Eindruck, dass Du in Deutschland Deine Meinung frei sagen kannst?

Ja, ich spreche oft über Politik, aber weniger im Freundeskreis, da Gleichaltrige oft nicht gut informiert sind. Über Politik spreche ich mit meinen Eltern, Verwandten oder meinem Cousin. Und ich finde schon, dass ich meine Meinung sagen kann.

Findest Du es gut, dass wir in einer Demokratie leben?

Ja, und wie! Ich bin froh darüber, weil wenn man sich den Iran anschaut und die jüngsten Ereignisse dort, ist das grauenvoll. Also, ich bin echt glücklich, hier aufwachsen zu dürfen.

Fühlst Du Dich durch den Staat repräsentiert?

Eigentlich nicht. Es gibt schon manche Jugendliche, die sind gut informiert, und ich finde, die sollten auch wählen gehen. Manche Erwachsene sind hingegen nicht gut informiert.

Bist Du politisch aktiv?

Ich gehe auf Demonstrationen, aber ich gehöre keiner Partei an.

Bist Du Mitglied in einer Partei?

Nein.

Engagierst Du Dich in einer Organisation, das kann auch ein Verein oder Orchester, etc. sein?

Ich bin bei der Initiative Werterhaltung und -weitergabe. Ich habe an einem Wettbewerb mitgemacht und gewonnen und seitdem helfe ich mit. Ich durfte sogar nach Berlin fahren.

Bist Du religiös?

Ich bin nicht streng religiös, aber schon ein bisschen.

Bist Du Mitglied in einer Kirche oder woanders?

Ich bin in der Orthodoxen Kirche, weil mein Vater Grieche ist.

Gehst Du da hin?

Ja, an Festlichkeiten wie Weihnachten und Ostern und auch manchmal dazwischen.

Bist Du in der Orthodoxen Jugend aktiv?

Nein.

Was ist für Dich das wichtigste Thema, um das sich die Politik dringend kümmern müsste?

Es gibt immer noch gesellschaftliche Gruppen, die ausgeschlossen werden, und ich finde, es ist das Wichtigste, dass jeder gleich viel wert ist und das jedem bewusst ist.

Was würdest Du in der Politik verändern?

Ich würde das Wahlrecht auf 16 Jahre heruntersetzen. Aber das habe ich schon gesagt.

Was würdest Du sofort abschaffen, wenn Du könntest?

Ich finde es schwierig, dass die AfD fast alles sagen kann auch in der Öffentlichkeit, das würde ich gerne abschaffen, weil sie dadurch andere beeinflussen können. Aber eigentlich ist die Meinungsfreiheit das Wichtigste, aber in dem Punkt sollte man es ein bisschen einschränken.

Welche Themen sind Dir sonst wichtig?

Ich war bei Demonstrationen für Fridays for Future und jetzt gerade bei einer Demonstration zum Iran für mehr Meinungsfreiheit und für Frauenrechte.

Fühlst Du Dich in der Bundesrepublik Deutschland diskriminiert?

Nein.

Bist Du schon mal Zeugin geworden davon, dass Leute in Deinem Freundeskreis oder im Umfeld diskriminiert worden sind?

Ja. Da kenne ich jemanden, der kommt aus der Türkei, und der wurde deswegen diskriminiert. Der hatte einen anderen Wortschatz, als wir hier auf dem Humanistischen Gymnasium passend finden, und dafür wurde er in der Schule immer ausgeschlossen. Aber er kann ja nichts dafür.

Was hältst Du vom Grundgesetz der Bundesrepublik Deutschland?

Das sollte man immer beibehalten.

Hättest Du gerne mehr Volksentscheide (direkte Demokratie)?

Ja. Auf jeden Fall. Es ist zu wenig, einfach nur zu den Wahlen mitsprechen zu können. Die Politiker können machen, was sie wollen, daher wären Volksentscheide gut. Man sollte öfter wählen dürfen.

Wer sollte alles Wahlrecht haben?

Alle ab 16 Jahren. Ich finde es unfair, wenn die 16-jährigen ausgeschlossen werden.

Sollte man die Staatsbürgerschaft haben, um wählen zu gehen?

Da kenne ich mich nicht so gut aus.

Was heißt für Dich Freiheit?

Freiheit heißt, meine eigene Meinung sagen zu dürfen, mich frei bewegen zu dürfen, und nicht irgendwie ab 21 Uhr Corona-eingesperrt sein.

Was ist die Grenze? Hast Du ein Beispiel?

Die Grenze wäre, wenn ich etwas in die Luft sprengen würde.

Es gibt immer eine Spannung zwischen Freiheit und Solidarität. Also jetzt zum Beispiel die Corona-Maßnahmen, wann war für Dich dann die Grenze? Du hast ja gesagt, diese Ausgangssperre abends ab 21 Uhr?

Ja, die fand ich nicht so berechtigt. Natürlich, wenn man feiert und das Virus weiterverbreitet, dann sollte man eben nicht mehr feiern dürfen, aber dass man sich gar nicht mehr treffen kann, ist schwierig. Das Gefühl, daheim bleiben zu müssen, hat mich gequält.

Was heißt für Dich Gleichheit oder Gerechtigkeit? Also als Beispiel, Du hast eine Pizza und drei Männer und Du sollst die Pizza aufteilen. Der erste Mann arbeitet, der zweite arbeitet nicht, der dritte arbeitet nicht, weil er eine Behinderung hat. Wie würdest Du die Pizza aufteilen?

Ich würde sie dritteln.

Wenn wir das auf Gehälter oder Sozialleistungen übertragen, wie würdest Du dann aufteilen?

Immer noch dritteln.

Also jeder kriegt gleich, egal ob er arbeitet oder nicht, oder?

Ja, ich glaube, wenn man nicht arbeitet, hat man auch einen Grund dafür, auch wenn dieser „nur" psychisch wäre.

Glaubst Du, dass im Internet eher die Wahrheit zu finden ist als in den herkömmlichen Medien? Mit Internet meine ich Social Media und mit Medien meine ich die Presse oder das öffentlich-rechtliche Fernsehen.

Ja. Auf Instagram kann man mehr sagen als in der Zeitung, denn was in der Zeitung steht, lässt sich nicht mehr löschen.

Weißt Du, was ein Verfassungsstaat ist?

Ein Staat mit einer Verfassung.

Weißt Du, was Volkssouveränität bedeutet?

Da bin ich mir nicht sicher. Möglicherweise bedeutet das, dass innerhalb des Volkes jeder gleich viel wert ist, oder, dass das Volk überhaupt mitwählen und mitentscheiden kann.

Was, glaubst Du, macht der Bundestag?

Der Bundestag kümmert sich darum, dass Gesetze erstmal vorgeschlagen werden, möglicherweise verändert und dann auch rausgebracht werden.

Vertraust Du dem Bundesverfassungsgericht?

Ja.

Der Landesregierung?

Fast immer, ja.

Der Bundesregierung?

Ja.

Parteien allgemein?

Nicht immer, nein.

Glaubst Du, dass Parlamente / Politiker im Sinne derer handeln, die sie gewählt haben, oder anderweitig gelenkt werden?

Bei vielen merke ich das schon, ja, aber bei manchen habe ich das Gefühl, die wollen einfach nur Ruhm oder bekannt sein.

Was willst Du mit dem Wählen erreichen? Also, Du kannst noch nicht wählen, aber bald. Willst Du Einfluss auf die Zusammensetzung der Regierung nehmen, damit eigene politische Interessen berücksichtigt werden, oder Kritik an der Politik ausdrücken?

Puh, also in erster Linie der erste Punkt, der zweite ist vielleicht so ein kleiner Nebeneffekt.

Du darfst ja aber noch nicht wählen oder durftest es auch lange Zeit nicht, würdest Du gerne mehr eingebunden werden und wie?

Ja, auf jeden Fall. Ich würde gerne wählen können. Auch würde ich gerne öfter wählen gehen.

18 Jahre

3.15 Es geht um Meinungsfreiheit, nicht um den Kampf zwischen Menschen

Männlich, 18 Jahre, Berufsschule, Ort mit 37.000 Einwohnern (davor Damaskus, Syrien), Juli 2022

Wenn es nicht mehr um Meinungsfreiheit geht, sondern eher um den Kampf von Menschen gegen Menschen, dann sollte man eingreifen

Was bedeutet für Dich Demokratie?

Demokratie bedeutet für mich, dass man frei sprechen kann, aber keinen anderen Menschen mit seinen Worten oder Taten beschädigt.

Sprichst Du oft über Politik und hast Du den Eindruck, dass Du Deine Meinung frei sagen kannst?

Ja. Ich habe das Gefühl, meine Meinung frei sagen zu können, aber über Politik rede ich nicht viel.

Findest Du es gut, dass wir in einer Demokratie leben?

Ja.

Fühlst Du Dich durch den Staat repräsentiert?

Meistens schon.

Bist Du politisch aktiv?

Nein.

Bist Du Mitglied in einer Partei?

Nein.

Engagierst Du Dich in einer Organisation, das kann auch ein Verein oder Orchester, etc. sein?

Nein.

Bist Du religiös?

Zum Teil. Ich bin Muslim, und bei uns im Islam darf man keinen Alkohol trinken oder Schweinefleisch essen. Auch darf man keinen Geschlechtsverkehr vor der Ehe haben, und das Einzige, was ich davon noch mache, ist, kein Schweinefleisch zu essen.

Was ist für Dich das wichtigste Thema, um das sich die Politik dringend kümmern müsste?

Spritpreise. Ich mache gerade den Führerschein. Ich arbeite an der Technischen Hochschule X und mein Teamausbilder muss ca. 500 Euro zahlen, nur um in die Arbeit zu kommen und wieder nach Hause zu gehen. Meine Familie zahlt auch 200-300 Euro im Monat nur für das Tanken, und das finde ich übertrieben.

Und was sollte die Politik machen?

Vielleicht die Treibstoffsteuern senken.

Was würdest Du in der Politik verändern?

Mir fällt gerade nichts ein, was ich daran ändern würde.

Aber was würdest Du zum Beispiel sofort abschaffen, wenn Du könntest?

Maskenpflicht. Im Bus und Zügen und so weiter.

Was stört Dich da dran?

Weil es das 9-Euro Ticket gibt, sind die Busse und Züge sehr voll. Es ist sehr warm jetzt im Sommer im Zug mit so vielen Menschen nah beieinander. Mit der FFP2-Maske ist es schwierig zu atmen.

Und da hast Du keine Angst, dass jemand krank wird?

Ich denke, es sollte jedem überlassen sein, eine Maske zu tragen oder nicht.

Fühlst Du Dich in der Bundesrepublik Deutschland diskriminiert?

Manchmal. Ich bin schwarzhaarig und mit braunen Augen und diesen Blick auf die Ausländer merke ich schon. Man kann nicht alles negativ einschätzen, nur weil man von einem oder zwei was Falsches gesehen hat.

Bist Du in Deutschland geboren?

Ich bin seit 5 Jahren und 3 Monaten in Deutschland.

Und wo bist Du ursprünglich her?

Syrien.

Hast Du die deutsche Staatsbürgerschaft?

Nein, noch nicht.

Was hältst Du vom Grundgesetz der Bundesrepublik Deutschland?

Können Sie das Grundgesetz bisschen mehr beschreiben?

Du kennst es nicht? Habt Ihr es in der Schule durchgenommen?

Nein.

Hättest Du gerne mehr Volksentscheide (direkte Demokratie)?

Das wäre in einer Situation gut, aber in einer anderen auch wieder schlecht. Wenn Millionen Menschen etwas zu entscheiden haben, wird es viel mehr Diskussionen geben und verschiedene Meinungen, und ich finde, das führt dann zu Chaos. Eher negativ als positiv.

Wer sollte alles Wahlrecht haben?

Alle Leute, die über 18 Jahre alt sind und in Deutschland arbeiten.

Deine Eltern dürfen nicht wählen wahrscheinlich?

Nein, noch nicht. Aber das fände ich gut.

Was heißt für Dich Freiheit?

Freiheit heißt für mich, dass ich mich wohl fühle mit dem, was ich mache, ohne zu denken, dass ich jetzt falsch angeschaut werde. Freiheit ist auch, dass ich meine Meinung äußern kann, ohne Angst zu haben, dass ich dann diskriminiert werde, weil ich die Wahrheit gesagt habe.

Du kannst Deine Meinung sagen, kannst Deinen Beruf frei wählen oder Du kannst sagen, ich halte die Maskenpflicht nicht ein, wo hört das für Dich dann auf mit der Freiheit, ab wann muss man zurückstecken?

Wenn man an dem Punkt ankommt, dass man andere Leute beschädigt. Wenn es nicht mehr um Meinungsfreiheit geht, sondern eher um den Kampf von Menschen gegen Menschen, dann sollte man eingreifen.

Was heißt für Dich Gleichheit oder Gerechtigkeit? Also, nehmen wir mal an, Du hast eine Pizza und Du hast drei Männer und jetzt sollst Du die Pizza aufteilen. Ein Mann arbeitet, ein Mann arbeitet nicht und einer arbeitet nicht, weil er eine Behinderung hat. Wie würdest Du die Pizza aufteilen?

In drei Drittel.

Alle gleich?

Ja.

Und wenn es jetzt nicht ums Essen ginge, sondern um Geld, würdest Du es dann auch so aufteilen?

Ja.

Also wenn die Grundversorgung gesichert ist, jeder hat zu essen, würdest Du dann sagen, jemand der arbeitet, soll nicht mehr Geld kriegen als jemand, der nicht arbeitet, also Du würdest allen das gleiche Geld geben?

Ich finde auch Leute, die arbeiten, sollten gleich viel bekommen.

Sollen in Deutschland alle das gleiche Geld kriegen, egal was sie arbeiten?

Nein, es ist ungerecht, wenn man zwölf Jahre in die Schule geht, Abitur macht, fünf bis sechs Jahre Studium, zwei bis drei Jahre Master, und dann erst mit 32-33 Jahren arbeitet, um am Ende dasselbe Gehalt zu verdienen wie jemand, der sich nie für die Schule interessiert und nach der 9. Klasse aufgehört hat, weiter zu lernen, und direkt angefangen hat zu arbeiten, da finde ich, sollte es schon einen Unterschied geben.

Glaubst Du, dass im Internet eher die Wahrheit zu finden ist als in den herkömmlichen Medien? Mit Medien meine ich Zeitungen oder Fernsehsender.

Es gibt bestimmte Zeitungen oder Fernsehsender wie zum Beispiel Tagesschau. Ich glaube, da findet man eher die Wahrheit als im Internet, denn im Internet hat jeder Zugriff und kann reinschreiben. Da ist es schwieriger herauszufinden, ob das die Wahrheit ist.

Wenn Du jetzt zum Beispiel die Tageschau schaust, würdest Du der vertrauen?

Also, im Vergleich zu einer Internetseite oder einem Reddit- oder Twitter-Post, da würde ich schon vertrauen.

Weißt Du, was ein Verfassungsstaat ist?

Nein.

Weißt Du, was Volkssouveränität bedeutet?

Nein, auch nicht.

Was, glaubst Du, macht der Bundestag?

Trifft Entscheidungen, die auf die Bevölkerung einwirken.

Vertraust Du dem Bundesverfassungsgericht?
Kenne ich nicht.

Der Landesregierung?
Ja.

Der Bundesregierung?
Im Allgemeinen, das Wort Vertrauen ist ein großes Wort, aber meist schon.

Parteien allgemein?
Nein.

Warum?
Es sind viele Parteien, jede hat ihre eigene Meinung und da sind Menschen, die alles um 180 Grad ändern können.

Glaubst Du, dass Parlamente / Politiker im Sinne derer handeln, die sie gewählt haben, oder anderweitig gelenkt werden?
Ich glaube nicht, dass sie anderweitig gelenkt werden.

Also, sie versuchen, das umzusetzen, was die Wähler wollen, die sie gewählt haben?
Ja.

Wenn Du wählen könntest, was willst Du mit Deiner Wahl erreichen? Einfluss auf die Zusammensetzung der Regierung, damit eigene politische Interessen berücksichtigt werden, oder Kritik an der Politik ausdrücken?
Das Erste.

Du darfst noch nicht wählen, würdest Du trotzdem gerne mehr eingebunden werden und wie?
Ich finde das liegt an mir, was ich mache und wie ich mich darum bemühe. Wenn ich einer Oma auf der Straße helfe, dann übe ich Einfluss für sie aus und zeige ihr, dass ich dazugehöre und nicht der schlechte Ausländer bin. Auch in der Politik liegt das eher an mir als an der Bevölkerung.

Aber was kannst Du machen, damit Deine Probleme politisch gehört werden? Oder was würdest Du da für die unter 18-jährigen tun?
Bei unter 18-Jährigen könnte zum Beispiel in den Schulen ab und zu ein politisches Gespräch mit allen Schülern stattfinden. Das kann dann von Lehrern und Schulleiter weitergeleitet werden. Fast genau dasselbe für Menschen, die zum Beispiel noch nicht wählen können, dass es auch sowas in der Art gibt[1].

[1] Die Interessen von Drittstaatsangehörigen ohne Wahlrecht vertreten in Deutschland und Bayern gewählte Integrations- oder Migrations(bei)räte, die meist auf kommunaler Ebene beratend tätig sind.

3.16 Die Wissenschaft kann es besser beurteilen

Männlich, 18 Jahre, Berufsschule (davor Realschule und FOS), aufgewachsen in Ort mit 1000 Einwohnern, jetzt Stadt mit 37 000 Einwohnern, Juli 2022

… weil ein Wissenschaftler das besser beurteilen kann

Was bedeutet für Dich Demokratie?

Ich habe mich für Studienstipendien und bei politischen Stiftungen beworben und mich mit Gerechtigkeit, Gleichheit und Demokratie auseinandergesetzt. Demokratie bedeutet gesellschaftliche und politische Teilhabe, Gleichheit unterliegt einem Interessenskonflikt vor dem Gesetz, und dann ist die Frage, was in einer Demokratie überwiegt? Es sollte die Grundlage von allem sein, wenn ich eine Firma aufbaue, sollte die demokratisch strukturiert sein, auch wenn es in den letzten Jahren weniger Demokratien und mehr Diktaturen gibt und das auch auf Deutschland abstrahlt.

Sprichst Du oft über Politik und hast Du den Eindruck, dass Du Deine Meinung frei sagen?

Ich komme mit politischen Themen in Kontakt, zum Beispiel wenn wir über das 9-Euro-Ticket reden, haben wir das Thema Mobilität. Was die Meinungsfreiheit anbelangt, kommt es immer auf den Kreis an, in dem man sich befindet. Niederbayern ist sehr konservativ, da werde ich meine linkere Meinung nicht kundgeben, denn man muss intelligent kommunizieren. Komplett frei kommunizieren kann man nicht.

Findest Du es gut, dass wir in einer Demokratie leben?

Ja, auf jeden Fall. Allerdings denke ich, dass dieses ganze Konzept konstanter Anpassungen an die neuen Gegebenheiten und Herausforderungen bedarf, sonst kann man beim Klimawandel nichts ändern.

Fühlst Du Dich durch den Staat repräsentiert?

Jetzt mit der neuen Regierung fühle ich mich wieder mehr repräsentiert. In der alten Regierung ist viel Geld verschwendet worden und es fand keine nachvollziehbare Politik statt.

Bist Du politisch aktiv?

Jetzt nicht mehr; ich war im Vorstand der Grünen Jugend und bin auch noch Mitglied, aber durch den höheren Zeitaufwand vom Studium bin ich nicht mehr so aktiv, aber es kann schon sein, dass ich das nochmal mache.

Engagierst Du Dich in einer Organisation, das kann auch ein Verein oder Orchester, etc. sein?

Ja, ich bin Fußballschiedsrichter, und die kümmern sich um die Spielleitungen von Junioren bis Senioren. Das mache ich seit 2019. Ich bin aber auch in der Schule aktiv und engagiert und bin Klassensprecher.

Bist Du religiös?

Ich bin aus der Kirche ausgetreten, aber vor allem wegen diesem institutionellen Thema. Man kann nicht kontrollieren, was in einem so großen Konstrukt passiert, und die Frage ist, ist Religion Kirche oder ist es nicht Religion also an sich. An irgendwas glaube ich schon, nur bewege ich mich auch vom Christentum weg in Richtung Buddhismus. Mit dem Klassen- oder Schachteldenken identifiziere ich mich nicht.

Und aus welcher Kirche bist Du ausgetreten?

Aus der evangelischen Kirche.

Warum konkret? Was hat Dich bewogen, der Institution den Rücken zu kehren?

Das war ein langer Prozess, weil mein Papa Kirchenvorstand ist, und ich durfte nicht austreten, bevor ich 18 bin. Nach dem Gesetz hätte ich gedurft, aber das ist familiär doch etwas anderes. Ich komme aus einer sehr kirchenorientierten Familie. Manche treten wegen der Kirchensteuer aus oder sind nicht getauft. Und ich habe die kirchlichen Feste mitgemacht, konnte mich damit aber nicht identifizieren. Es gibt mir einfach nicht viel. Und als ich 18 Jahre alt geworden bin, bin ich ausgetreten.

Was ist für Dich das wichtigste Thema, um das sich die Politik dringend kümmern müsste?

Ich wünsche mir mehr wissenschaftsbasierte Politik und nicht so viel Lobbyismus. Wir führen kein Tempolimit ein, weil wir Automobilkonzerne haben. Schaut man auf die wissenschaftliche Meinung, weiß man, dass dadurch weniger Leute sterben, es eine geringere Lärmbelastung gibt, weniger Umweltbelastung und so weiter. Es wird aber nicht gemacht, weil Wählerstimmen dranhängen. Ähnlich ist es beim Klimawandel. Es gibt seit 1970 Wissenschaftler, die darauf hinweisen, und es geschieht nichts.

Was würdest Du in der Politik verändern?

Man soll die Menschen nicht verlieren, aber auch kein Geld ausgeben, welches man nicht hat. Da macht man ein 9-Euro-Ticket, aber es stehen gar nicht die Ressourcen zur Verfügung, um das umzusetzen.

Was würdest Du sofort abschaffen, wenn Du könntest?

Ich würde das Schulsystem, so wie es jetzt ist, abschaffen!

Das Schulsystem? Was genau?

In der Schule werden alle in eine Form gedrückt und es gibt kein Lernen im Einklang mit der Person und mit der Entwicklung und es wird nichts gewürdigt, was außerhalb des Bereiches ist. Und ich habe selten junge Leute gehört, die unser Schulsystem gut finden. Vielleicht wäre das Montessori-Konzept sinnvoll; natürlich müsste man dies auch noch mehr strukturieren und erweitern. Es kann nicht sein, dass in

Bayern Kinder nach der vierten Klasse unter Druck geraten und das eine maßgebende Entscheidung ist.

Fühlst Du Dich in der Bundesrepublik Deutschland diskriminiert?

Nein.

Hast Du Diskriminierung von Leuten aus Deinem Freundeskreis oder im Umfeld erlebt?

Ja, wir hatten eine muslimische Schülerin mit Kopftuch, und das war auf einer ländlichen Realschule etwas Neues, und die wurde subtil schon mal ausgeschlossen. Ähnliche Beispiele gibt es auch in der Berufsschule.

Was hältst Du vom Grundgesetz der Bundesrepublik Deutschland?

Grundsätzlich gut, auch wenn sich dieses in einer Demokratie immer wieder weiterentwickeln sollte. So konnte man es in der Corona-Pandemie nicht komplett einhalten. Also wir hatten zum Beispiel die Regel mit den 15 km Umkreis, in dem wir uns bewegen durften. Außerdem fehlt ein Klimaschutzparagraph im Grundgesetz, das war 1947-49 noch nicht aktuell und müsste sich ändern.

Hättest Du gerne mehr Volksentscheide (direkte Demokratie)?

Das ginge dann damit einher, dass man Menschen so informiert, dass sie eine Entscheidung treffen können. Und das ist ein Problem, denn die speziellen Themen kennen die Leute ja nicht. Wie soll ich beispielsweise über die Pflegekräfte entscheiden? Vielleicht könnte man bestimmte Personengruppen befragen oder so.

Wer sollte alles Wahlrecht haben?

So wie es jetzt ist, also alle Bundesbürger sollten wählen können. Man kann sich einbürgern lassen, dann kann man in Deutschland wählen. Im linken Bereich gibt es viele, die sagen, dass alle, die hier leben, mitwählen sollen, aber das finde ich schwierig, weil das organisatorisch schwierig umzusetzen wäre. Zurzeit wird das Wahlalter ab 16 Jahren diskutiert, aber auf dem Land interessieren sich die meisten Jugendlichen nur für das Mofa und das Bier. Ich glaube, die meisten Jugendlichen haben nicht das politische Wissen und wählen dann wie die Eltern oder so. Grundsätzlich finde ich es aber trotzdem irgendwie gut, weil es in Österreich funktioniert.

Was heißt für Dich Freiheit?

Freiheit heißt für mich eigentlich erstmal, dass wir diese Reisefreiheit haben oder dass wir uns ohne große Probleme innerhalb der Europäischen Union bewegen können. Freiheit heißt für mich aber auch, dass Menschen unabhängig von Familienverhältnissen oder Migrationshintergrund respektiert werden. Freiheit heißt auch, die Dinge anderes zu machen als bisher – das heißt, dass ich nicht in die Fußstapfen meiner Eltern treten muss. Ich denke, auch die persönliche Freiheit von anderen ist wichtig. Meine Freiheit hört eigentlich da auf, wo ich andere verletze.

Was heißt für Dich Gleichheit oder Gerechtigkeit? Nehmen wir an, wir haben eine Pizza und drei Männer, der eine arbeitet, der zweite arbeitet nicht, der dritte arbeitet nicht, weil er eine Behinderung hat, und Du teilst die Pizza auf. Wie verteilst Du die Pizza?

Jeder bekommt den gleichen Teil. Wenn jemand eine Behinderung hat, ist er oft arbeitsunfähig und „Behinderungsrentenbezieher", dann gibt es noch den der arbeitet, der hat sein Teil verdient, und bei dem, der nicht arbeitet, weiß man nicht, was dahinter liegt: Der kann auch ein Hausmann sein. Daher kriegt jeder den gleichen Teil. Gleichheit ist für mich auch Geschlechtergleichheit. Es kann nicht sein, dass Frauen in gleichen Berufen schlechter bezahlt werden.

Und wenn es nun um Geld geht – wie würdest Du das einteilen?

Ein Fußballprofi verdient das 6-7000fache von einer Pflegekraft, obwohl er für die Gesellschaft weniger tut als meine Mutter, die in der Pflege arbeitet. Ich glaube, es gibt so ein Grundlevel, was man je nach Lebensregion braucht, und das sollte zumindest erfüllt werden. Zum Beispiel verdient eine Arzthelferin 1.900 Euro netto ausgelernt. Das ist zu wenig. Damit soll sie eine Wohnung zahlen, Auto, Essen und Kinder versorgen. Für mich sollte die Wertschätzung für den Beruf sichtbar werden und sich finanziell niederschlagen. Bei den Gehältern sieht man, dass der Markt nicht alles regeln kann. Diejenigen, die gut verdienen, brauchen sich keine Sorgen zu machen. Leider kann man das im freien Markt nicht regulieren.

Glaubst Du, dass im Internet eher die Wahrheit zu finden ist als in den herkömmlichen Medien? Ich meine mit Internet soziale Medien und mit Medien zum Beispiel öffentlich-rechtliches Fernsehen, Zeitungen und auch deren Internetauftritte natürlich.

Nein. Ich selber benutze keine Social Media mehr. Durch das schnelle Posten kann es ja nicht so gut sein, als wenn es vernünftig recherchiert ist. Ob jetzt die öffentlich-rechtlichen Medien immer einen guten Job machen, ist die andere Frage. Das Publikum im Fernsehen ist meist über 60 Jahre alt, da frage ich mich dann schon, ob jungen Menschen das geboten wird, was für Jugendliche relevant ist. Aber ich würde sagen, die Qualität ist höher, aber nicht gut genug. In den Social Media kann man gute Dinge finden und gute Seiten, die direkt und nah berichten, und das fehlt im öffentlich-rechtlichen Rundfunk. Bei den Privatsendern kann man alles vergessen, das ist nur noch Unterhaltung und Werbung. Aber dieses Direkte hat man bei den Social Media mehr. Leider auch direkte Unwahrheiten – zumal es oft glaubhaft rübergebracht wird. Die eine Seite gibt gute Maskentipps und Abstandstipps und hilft den Leuten total weiter, und das andere geht in krude Richtungen. Da geht es in dieses Unbegründete „Das gibt es nicht" und „Stürmt den Staat!". Soweit kann es auf Social Media kommen.

Weißt Du, was ein Verfassungsstaat ist?

Wir haben unsere Verfassung, nach der alles strukturiert ist. Und das ist wichtig, weil ein Staat ohne Verfassung wenig Sinn macht. Es darf auch geklagt werden beim

Bundesverfassungsgericht in Karlsruhe, wie bei dem Beispiel, dass man nicht weiter als 15 km von seinem Wohnort entfernt sein durfte während der Corona-Pandemie. Das wurde beim Landesverfassungsgericht Bayern eingereicht und wurde auch gestürzt.[2] Es ist super, im Hintergrund ein Kontrollorgan zu haben, womit man politische Willkür entgegnen kann. Man kann Gesetzte auf ihre Rechtmäßigkeit und Verfassungstreue überprüfen. Nun gibt es ein Verfahren zum Thema Cannabis und das finde ich super, weil dann überprüft wird, warum Alkohol erlaubt ist. Man muss aber aufpassen, dass die Verfassung nicht missbraucht wird.

Weißt Du, was Volkssouveränität bedeutet?

Ja, die Souveränität des Volkes bedeutet, dass die Souveränität in der Demokratie beim Volk liegt. Also, dass das Volk die Wahlentscheidung hat.

Was, glaubst Du, macht der Bundestag?

Es gibt ja die drei Gewalten in dem Staat. Exekutive, Judikative und Legislative, und ich glaube tatsächlich, dass die Bundesregierung, nicht der Bundestag, die gesetzgebende Gewalt ist. Die Judikative ist die richterliche Gewalt, das ist dann das Bundeverfassungsgericht. Die ausführende Gewalt ist der Bundestag, glaube ich. Die Bundesregierung beschließt beispielsweise Gesetze und der Bundestag muss zustimmen. Der Bundestag führt Debatten und stimmt darüber ab, was von der Bundesregierung vorgeschlagen wird. Das muss dann nochmal durch den Bundesrat. Aber vielleicht stimmt da nicht alles.

Vertraust Du dem Bundesverfassungsgericht?

Ja, auf jeden Fall, aber es ist auf jeden Fall wichtig, dass es vor Missbrauch geschützt wird. Sie können einen Vergleich ziehen zum Supreme Court in den USA. Da können einfach die Richter ausgetauscht werden, die dann Urteile fällen, die keinen Sinn machen. So haben sie die Schwangerschaftsabbrüche wieder kriminalisiert. Da bündelt sich zu viel Macht, und wenn sich Macht bündelt, ist das Missbrauchsrisiko groß.

Der Landesregierung?

Also der bayerischen jetzt? Die Freien Wähler in Kombination mit der CSU sind nun nicht so innovativ, und damit kann ich mich nicht identifizieren.

Der Bundesregierung?

Zum Teil. Es ist wichtig, dass man mit der Wissenschaft zusammenarbeitet, weil eben die Leute in diesen Ministerien und auch Bundesregierungsbehörden des Staates, die sind nicht immer die Experten auf den Fachgebieten. Man sieht zum Beispiel bei Jens Spahn, der war Gesundheitsminister, aber der hatte vorher mit Gesundheit überhaupt nicht viel zu tun, und deswegen ist es so wichtig, dass die mit

[2] Dieser Teil der 11. Bayerischen Infektionsschutzverordnung wurde vom Bayerischen Verwaltungsgerichtshof bereits 15 Tage nach Inkrafttreten außer Vollzug gesetzt. Das Landesverfassungsgericht hat darüber nicht mehr entschieden.

den Experten zusammenarbeiten und auch die wissenschaftliche Meinung an- und übernehmen, weil ein Wissenschaftler das besser beurteilen kann als ein Politiker. Aber da ist es auf jeden Fall besser als in der Landesregierung.

Parteien allgemein?

Also, ich finde das Grundprinzip der Parteien an sich gut, vielleicht ist das, worauf die Frage abzielt, aber auch, dass in Parteien Dinge passieren, die nicht optimal sind. Viele Parteien sind sehr lobbyistisch. Die Frage ist für mich, wie unabhängig ist eine Partei? Eigentlich sollte eine Partei oder eine politische Vereinigung immer das anstreben, was für die Mehrheit oder die Gesamtheit der Menschen im Land am besten ist, und wenn es Fremdinteressen berücksichtigt, ist es schon nicht mehr gegeben.

Glaubst Du, dass Parlamente / Politiker im Sinne derer handeln, die sie gewählt haben, oder anderweitig gelenkt werden? Wenn ja, von wem?

Das spielt jetzt wohl auf die „Theorie der Echsenmenschen“ an. Also, ich denke schon, dass sie versuchen, den Willen der Leute wiederzugeben, allerdings merkt man oft, dass viele Menschen den Politikern eine gewisse Abgehobenheit und einen Realitätsverlust vorwerfen. Das fragt man sich tatsächlich bei manchen politischen Vorschlägen und Entscheidungen. Die Grünen haben beispielsweise vorgeschlagen, dass sie Einfamilienhäuser verbieten wollen. Also, das ist realitätsfern und sorgt dafür, dass sich Leute mit der Politik verkrachen und dann gibt es Politikverdrossenheit. Wichtig ist, dass es nah an der Vernunft ist und damit meine ich die Wissenschaft. Man kann immer einen Arzt finden, der komische Dinge erzählt, aber ich weiß nicht, ob Bürger immer die beste Grundlage für fachliche Entscheidungen sind, aber man sollte darauf Rücksicht nehmen.

Was willst Du mit Deiner Wahl erreichen? Einfluss auf die Zusammensetzung der Regierung, damit eigene politische Interessen berücksichtigt werden, oder Kritik an der Politik ausdrücken?

Klar, natürlich das erste. Das zweite zielt ja auf Protestwähler ab. Und wenn ich jetzt die AfD wähle, weiß ich ja nicht, ob ich so großen Protest äußere oder ob ich einfach nur einer Partei, die verfassungsfeindlich agiert, eine Stimme gebe.

Als Du noch nicht wählen durftest: Wärst Du gerne mehr eingebunden worden und wie?

Die politischen Beteiligungsformen werden zu wenig kommuniziert. Aber man kann in Jugendparteien oder in Jugendorganisationen einer Partei ab 14 Jahren eintreten, und mit Einverständniserklärung der Eltern früher. Vielleicht sollte man über Möglichkeiten besser aufgeklärt werden. Ich glaube, viele nehmen auch die Politik nicht wahr. Leider ist es nicht cool, wenn man sich politisch engagiert.

Bist Du im Jugendparlament?

Nein.

3.17 Wahlalter ab 18 Jahren finde ich gut

Weiblich, 18 Jahre, Berufsschule (davor Realschule und FOS), Ort mit 1800 Einwohnern, Juli 2022

Ich finde das Wahlalter gut ab 18 Jahren, weil da hat man schon einen Plan vom Leben und weiß ein wenig mehr

Was bedeutet für Dich Demokratie?

Demokratie bedeutet Freiheit. Das heißt, dass man sagen darf, was man denkt. In vielen anderen Ländern gibt es keine Pressefreiheit oder Meinungsfreiheit.

Sprichst Du oft über Politik und hast Du den Eindruck, dass Du Deine Meinung frei sagen kannst?

Ich rede nicht oft über Politik, aber richtig frei kann man die Meinung nicht sagen. Man wird schon verurteilt, wenn man etwas anderes sagt, als die Mehrheit das so glaubt. Trotzdem kann man natürlich eigentlich sagen, was man denkt.

Findest Du es gut, dass wir in einer Demokratie leben?

Ja.

Fühlst Du Dich durch den Staat repräsentiert?

Ja, schon.

Bist Du politisch aktiv?

Nein, eigentlich nicht.

Bist Du Mitglied in einer Partei?

Nein.

Engagierst Du Dich in einer Organisation, das kann auch ein Verein oder Orchester, etc. sein?

Nein, eigentlich gar nicht.

Bist Du religiös?

Ich bin katholisch.

Gehst Du in die Kirche oder bist Du nur Mitglied?

Wir gehen zu Ostern und zu Weihnachten in die Kirche.

Was ist für Dich das wichtigste Thema, um das sich die Politik dringend kümmern müsste?

Arbeitslosigkeit wäre ein großes Thema.

Hast Du da Erfahrungen? Sind in Eurer Region viele Leute arbeitslos?

Nicht viele, aber es sind ein paar Leute, die dann auch nicht so viel Rente kriegen, dass sie damit über die Runden kommen.

Was würdest Du in der Politik verändern?

Es müssten mehr Frauen in die Politik, damit es besser ausgeglichen wird.

Was würdest Du abschaffen, wenn Du könntest?

Da fällt mir gerade nichts ein.

Fühlst Du Dich in der Bundesrepublik Deutschland diskriminiert?

Nein.

Hast Du Diskriminierung in Deinem Freundeskreis oder in Deinem Umfeld erlebt?

Nein, eigentlich nicht.

Was hältst Du vom Grundgesetz der Bundesrepublik Deutschland?

Da wird alles Wichtige geregelt, daher ist es sinnvoll.

Hättest Du gerne mehr Volksentscheide (direkte Demokratie)?

Ja, also nicht zu jedem Thema, aber so Themen, die wirklich alle betreffen.

Wer sollte alles Wahlrecht haben?

Ich finde das Wahlalter gut ab 18 Jahren, weil da hat man schon einen Plan vom Leben und weiß ein wenig mehr. Und 15jährige, das sind „kleine Kinder", die kennen sich nicht aus.

Was heißt für Dich Freiheit?

Freiheit heißt, dass ich sagen kann, was ich will, oder dass ich nicht eingesperrt werde, wenn ich eine andere Meinung habe.

Und wo ist für Dich das Ende von Freiheit, wo hört das für Dich auf?

Wenn mir jemand direkt vorschreibt, was ich zu tun oder zu sagen habe.

Und ab welchem Punkt würdest Du Deine Freiheit einschränken und Rücksicht nehmen?

Wenn ich weiß, dass es einen verletzt.

Was heißt für Dich Gleichheit oder Gerechtigkeit? Du hättest eine Pizza und drei Männer, Du sollst die Pizza verteilen. Der erste Mann arbeitet, der zweite Mann arbeitet nicht und der dritte arbeitet nicht, weil er eine Behinderung hat. Wie würdest Du die Pizza verteilen?

Ich würde jedem das Gleiche geben, außer einer sagt, dass er nicht so viel Hunger hat. Jeder braucht aber Essen.

Und wenn es jetzt nicht Essen wäre, sondern Geld. Wie würdest Du das verteilen?

Es sollte annähernd gleich sein, aber es kommt darauf an, was er tut oder wie schwer die Arbeit ist. Da würde ich unterscheiden.

Also würdest Du etwas an unserem System ändern?

Viele Leute, die nicht arbeiten können, weil sie zum Beispiel behindert sind, bekommen zu wenig. Sie können nichts dafür, dass sie vielleicht einen Unfall gehabt haben. Die sollten unterstützt werden.

Glaubst Du, dass im Internet eher die Wahrheit zu finden ist als in den herkömmlichen Medien? Also mit Medien meine ich öffentlich-rechtliches Fernsehen, die klassischen Zeitungen und mit Internet meine ich Social Media.

Also, in Social Media ist schon viel, was nicht stimmt, weil da schreiben Leute, was sie gerne hätten. Vieles ist aber auch richtig. So finde ich im Internet beispielsweise die aktuellen Benzinpreise. In der Presse brauche ich so Informationen nicht, weil ich mir das googeln kann.

Weißt Du, was ein Verfassungsstaat ist?

Nein.

Weißt Du, was Volkssouveränität bedeutet?

Nein.

Was, glaubst Du, macht der Bundestag?

Das habe ich schonmal gelernt. Der macht auch die Gesetze oder Gesetzentwürfe, glaube ich. Da wird dann auch darüber abgestimmt.

Vertraust Du dem Bundesverfassungsgericht?

Ja.

Der Landesregierung?

Ja.

Der Bundesregierung?

Ja.

Vertraust Du Parteien allgemein?

Ja.

Glaubst Du, dass Parlamente/Politiker im Sinne derer handeln, die sie gewählt haben, oder anderweitig gelenkt werden?

Das läuft bestimmt nicht immer so, wie die Leute, die sie gewählt haben, wollen. Vieles ist Wahlwerbung und nicht alle Versprechen werden eingehalten. Aber ich glaube schon, dass sie sich an ihr Programm, das sie aufgestellt haben, teilweise halten oder dies versuchen.

Du bist 18, hast Du schonmal gewählt?

Letztes Jahr im September war eine Wahl, die habe ich mitgemacht.

Was willst Du mit Deiner Wahl erreichen? Einfluss auf die Zusammensetzung der Regierung, damit eigene politische Interessen berücksichtigt werden, oder Kritik an der Politik ausdrücken?

Das Erste.

Es ist ja noch nicht lange her, dass Du nicht wählen durftest. Wärest Du vorher gerne mehr eingebunden worden?

Als Jugendliche habe ich mich nicht dafür interessiert. Wenn Jugendliche Interesse hätten, könnten sie sich in der Stadt an den Ständen der Parteien informieren. Aber das tun die Wenigsten.

Du meinst, die wollen gar nicht?

Es gibt solche und solche, aber die meisten interessieren sich eher nicht.

Hast Du eine Idee, was man machen könnte, um jemanden, der vorbei gehen würde, einzubinden?

In unserer Generation läuft viel über Social Media. Wenn da etwas gesagt wird, interessieren sich Jugendliche eher, als wenn in der Stadt ein Stand steht.

19 Jahre

3.18 Ich beteilige mich am Demokratieprojekt

Weiblich, 19 Jahre, Universität (davor Gymnasium), Großstadt mit 1.578.667 Einwohnern, August 2022

Und da bin ich in ein paar Projekten drin, wie zum Beispiel dem Demokratieprojekt, aber ich habe jetzt auch mein eigenes Projekt

Was bedeutet für Dich Demokratie?

Demokratie bedeutet, dass das Volk, die Menschen, die in einem Staat leben, Entscheidungsmacht haben, die Gesellschaft zu gestalten, und bei Staatsentscheidungen, politischen Entscheidungen bezüglich verschiedener Bereiche dann auch mitwirken.

Sprichst Du oft über Politik und hast Du den Eindruck, dass Du in Deutschland Deine Meinung wirklich frei sagen kannst?

Ich beschäftige mich mit Politik und mit politischen Themen. Mich interessieren vor allem Themen wie Antisemitismus, Feminismus und Extremismus. Zum Beispiel habe ich Workshopausbildungen gemacht und dort Tools bekommen, um meine Meinung gut äußern zu können beziehungsweise auf verschiedene Meinungen zu reagieren. Ich kann meine Meinung in Deutschland frei äußern, nur manchmal bekomme ich das Gefühl, dass ich, wenn ich eine andere Meinung habe als die meisten, schief angeschaut werde.

Findest Du es gut, dass wir in einer Demokratie leben?

Sicher, das ist existentiell. Denn wenn ich nicht in einer Demokratie lebe, kann ich nicht mein Leben gestalten.

Fühlst Du Dich durch den Staat repräsentiert?

Es gibt verschiedene politische Richtungen, in denen ich mich wiederfinden kann und wiederfinde. Aber für mich als Jüdin sind die Dinge nicht immer gut repräsentiert.

Bist Du politisch aktiv?

Ja.

Was machst Du?

Also, ich beschäftige mich mit Politik und politischen Themen und Workshopleitung. So habe ich auch eine Multiplikatorenausbildung gemacht. Ansonsten arbeite ich für einen Verein, der heißt DEIN, und da geht es auch um politische Themen, unter anderem um Antisemitismus beziehungsweise Antisemitismus in den Medien und Israel, aber auch um deutsch-israelische Beziehungen. Jetzt bin ich Mitglied geworden in der Deutsch-Israelischen Gesellschaft, ansonsten bin ich Mitglied in einer Jugendorganisation, die heißt Youth Bridge, und da geht es auch um politische Themen, unter anderem gibt es zum Beispiel das Projekt „Demokratie", und da besprechen wir auch Themen, die die Demokratie betreffen. Darüber hinaus bin ich Mitglied von jüdischen Studentenvereinen, vom VJSB und bei der JSUD. Beim jüdischen Studentenverein kümmere ich mich um politische Bildung. Dazu verbinde ich verschiedene Organisationen.

Bist Du Mitglied in einer Partei?

Nein. Noch nicht.

Was machst Du bei Youth Bridge?

Da bin ich in ein paar Projekten drin, wie zum Beispiel dem Demokratieprojekt, aber ich habe jetzt auch mein eigenes Projekt, das heißt „Mehr als Hummus und Falafel". Da geht es darum, dass Juden und Muslime beziehungsweise Araber mehr gemeinsam haben als Hummus und Falafel. Und da machen wir verschiedene Aktionen und Veranstaltungen, die das zeigen. Damit sollen beide Gruppen mehr zueinanderkommen.

Bist Du religiös?

Religiös nicht, aber traditionell. Ich bin „traditionelle Jüdin".

Bist Du Mitglied in einer jüdischen Gemeinde?

Ich bin Mitglied in der Israelitischen Kultusgemeinde, ich gehe ab und zu in die Synagoge oder zum Schabbat-Essen.

Was ist für Dich das wichtigste Thema, um das sich die Politik dringend kümmern müsste?

Es gibt vieles. Ich denke, es sollte mehr Förderung von Allianzen oder verschiedenen Initiativen geben, unter anderem auch Antisemitismusbekämpfung. Die Politik sollte bestimmte Richtlinien schaffen, was antisemitisch ist und was nicht, dann kann man gegen Antisemitismus klar vorgehen.

Was würdest Du in der Politik verändern?

Vielleicht in der Politik selbst nichts. Aber dass die Jugendlichen mehr Zugang zu politischer Bildung haben. Das sollte in der Schule gestärkt werden.

Was würdest Du sofort abschaffen, wenn Du könntest?

Vielleicht nicht abschaffen, sondern verändern. Ich wünschte mir, dass man anderen besser zuhört und nicht in seinem Tunnelblick bleibt. Und das würde Diskussionen in der Politik weiterbringen und auch alltägliche Debatten weiter öffnen.

Fühlst Du Dich in der Bundesrepublik Deutschland diskriminiert?

Ich werde nicht antisemitisch verfolgt, aber manchmal bekomme ich das Gefühl, dass ich „anders“ bin.

Hast Du Diskriminierung von Leuten aus Deinem Freundeskreis oder im Umfeld erlebt? Oder bist Du Zeugin von Diskriminierung von anderen geworden?

Nein.

Was hältst Du vom Grundgesetz der Bundesrepublik Deutschland?

Es ist so, wie es sein muss. Da sind unter anderem die Menschenrechte verankert. Daher soll so bleiben.

Hättest Du gerne mehr Volksentscheide (direkte Demokratie)?

Nein, nicht unbedingt. Es ist gut so, wie es ist.

Wer sollte alles Wahlrecht haben?

Die Staatsbürger, Staatsbürger Deutschlands.

Und ab welchem Alter?

Ab 18 Jahren.

Was heißt für Dich Freiheit?

Dass ich meine Entscheidungen selbst so lange treffen kann, wie ich keine anderen verletze.

Was wäre für Dich so eine Grenze, wo Du den anderen verletzt?

Bei Menschenrechten oder bei Besitz.

Wie hast Du die Maßnahmen während der Corona-Pandemie empfunden?

Während der Pandemie hat man Schülern und Studenten zu wenig Beachtung geschenkt.

Was heißt für Dich Gleichheit oder Gerechtigkeit? Nehmen wir mal an, Du hast eine Pizza und drei Männer und Du musst die Pizza aufteilen. Der erste Mann arbeitet, der zweite arbeitet nicht, der dritte arbeitet nicht, weil er eine Behinderung hat. Wie würdest Du die Pizza aufteilen?

Eine Hälfte und zwei Viertel?

Und wer kriegt die Hälfte?

Der der arbeitet.

Ist es für Dich ein Unterschied, wenn es nun um Geld ginge?

Da würde ich keine Unterschiede machen.

Glaubst Du, dass im Internet eher die Wahrheit zu finden ist als in den herkömmlichen Medien? Mit Internet meine ich Social Media, Webseiten aller Art, und mit Medien eher die klassische Presse, bekannte Zeitungen, öffentlich-rechtliches Fernsehen, natürlich auch deren Internetauftritte.

Ich denke nicht, dass im Internet eher die Wahrheit zu finden ist. Es ist ähnlich. Vielleicht ist in den herkömmlichen Medien ein Stück mehr Wahrheit. Die Social Media sind weniger professionell, aber auch die herkömmlichen Medien sind nicht 100 Prozent perfekt.

Weißt Du, was ein Verfassungsstaat ist?

Ein Staat mit einer Verfassung, in der ein Grundgesetz und Gesetze niedergeschrieben sind.

Weißt Du, was Volkssouveränität bedeutet?

Das bedeutet, dass das Volk sich selber vertreten kann, also Selbstbestimmung über sich hat. Klar gibt es Repräsentanten, aber sie können mitbestimmen, was mit ihnen passiert oder was mit dem Staat passiert. Jeder kann die Gesellschaft mitgestalten.

Was, glaubst Du, macht der Bundestag?

Politische Entscheidungen treffen. Gesellschaft gestalten durch Gesetze.

Vertraust Du dem Bundesverfassungsgericht?

Ja.

Der Landesregierung?

Ja.

Der Bundesregierung?

Ja.

Parteien allgemein?

Nicht immer.

Glaubst Du, dass Parlamente/Politiker im Sinne derer handeln, die sie gewählt haben, oder anderweitig gelenkt werden?

Ich glaube, dass sie sich selber lenken.

Was willst Du mit Deiner Wahl erreichen? Einfluss auf die Zusammensetzung der Regierung, damit eigene politische Interessen berücksichtigt werden, oder Kritik an der Politik ausdrücken?

Das Erste.

Du darfst ja schon wählen, aber Du wählst ja noch nicht so lange, wärest Du vor dem 18. Geburtstag gerne mehr eingebunden worden als Jugendliche und wie?

Nicht in Form von Wahlen, aber in Form von politischer Bildung, dass ich mir meine Meinung früher hätte bilden können.

20 Jahre

3.19 Ich bin Sozialist

Divers, 20 Jahre, Berufsschule (davor FOS), Ort mit 8000 Einwohnern (Gemeindeteil mit ca. 2000 Einwohnern), Juli 2022

Ich meine, ich bin ja Sozialist!

Was bedeutet für Dich Demokratie?

Das bedeutet, dass Entscheidungen von der Masse getroffen werden. Der Mehrheit zum Beispiel.

Sprichst Du oft über Politik und hast Du den Eindruck, dass Du Deine Meinung frei sagen kannst?

Ich spreche schon oft auch über Politik, ich würde auch sagen, ich kann meine persönliche Meinung frei sagen.

Findest Du es gut, dass wir in einer Demokratie leben?

Definitiv.

Fühlst Du Dich durch den Staat repräsentiert?

Teilweise.

Bist Du politisch aktiv?

Auch teilweise.

Was heißt das?

Ich bin jetzt kein Politiker, aber ich gehe auf Demonstrationen.

Auf welche Demonstrationen gehst Du?

Ich gehe beispielsweise auf LGBT-Demonstrationen. Ich war noch nie auf einer Demonstration von Gewerkschaftsthemen, aber da bin ich auch Unterstützer. Mich interessieren auch Frauenrechte, gerade wegen der Ereignisse mit der Abtreibung in den USA.

Bist Du Mitglied in einer Partei?

Nein.

Engagierst Du Dich in einer Organisation, das kann auch ein Verein oder Orchester, etc. sein?

Nein.

Bist Du religiös?

Nein.

Bist Du Mitglied in einer Kirche?

Momentan noch.

In welcher Kirche bist Du?

Römisch-katholisch.

Was ist für Dich das wichtigste Thema, um das sich die Politik dringend kümmern müsste?

Das ist der Klimawandel.

Was würdest Du in der Politik verändern?

Ich meine, ich bin ja Sozialist. Ich würde auf einen demokratischen Sozialismus umsteigen. Das heißt, die Gewerkschaften stärken, Gesetze stärken, die für gesellschaftliche Gleichberechtigung stehen, Steuern für Reiche erhöhen, Grundsteuer erhöhen für zusätzliche Grundstücke zum Beispiel, Vermögenssteuer einführen, und so weiter.

Was würdest Du sofort abschaffen, wenn Du könntest?

Ich würde sagen, Überbleibsel von Gesetzen gegen Abtreibung.

Fühlst Du Dich in der Bundesrepublik Deutschland diskriminiert?

Teilweise, weil ich divers bin. In meinem Ausweis steht „m". Ich kann damit leben, aber ganz gleichberechtigt fühle ich mich nicht.

Hast Du Diskriminierung in Deinem Freundeskreis oder in Deinem Umfeld erlebt?

Nicht wirklich. Ich kann aber meinen Großeltern nicht sagen, dass ich divers bin. In deren Augen bin ich männlich.

Und da wir jetzt bei dem Thema sind, was würdest Du da gerne ändern?

Ich würde gerne das Recht auf Selbstidentifikation so erweitern, dass man nur zum Rathaus gehen muss und ein „d“ in den Ausweis bekommen kann.

Was hältst Du vom Grundgesetz der Bundesrepublik Deutschland?

Allgemein finde ich es gut. Anstelle von „Männer und Frauen sind gleichberechtigt“, würde ich lieber „die Geschlechter sind gleichberechtigt“ schreiben.

Hättest Du gerne mehr Volksentscheide (direkte Demokratie)?

Nein, das dauert zu lange.

Wer sollte alles Wahlrecht haben?

Leute, die eine gewisse Zeit in Deutschland wohnen, egal ob sie Bürger sind oder nicht. Ich bin dafür, dass auch Flüchtlinge wählen dürfen, und ich würde das Wahlalter auf 15 oder 16 senken.

Was heißt für Dich Freiheit?

Freiheit ist für mich, sich entfalten zu können, ohne damit grundlegende Freiheiten von einer anderen Person einzuschränken, also positive Freiheit und nicht negative Freiheit.

Was wäre so eine Grenze für Dich?

Man kann sich nicht selbst als Sklave verkaufen. Das ist eine Freiheit, die einem weggenommen wird, die aber am Ende zu mehr Freiheit führt.

Was heißt für Dich Gleichheit oder Gerechtigkeit? Du hättest eine Pizza und da sind drei Männer und Du sollst die Pizza verteilen. Der erste Mann arbeitet, der zweite Mann arbeitet nicht und der dritte arbeitet nicht, weil er eine Behinderung hat. Wie teilst Du die Pizza auf?

Ich teile die Pizza nach den Bedürfnissen auf.

Und wenn es um Geld ginge?

Auch da kommt es auf den Bedarf an. Manche brauchen mehr, es gibt verschiedene Lebenskosten an verschiedenen Orten, da kostet das Brot mehr als woanders oder so und da kostet die Miete mehr zum Beispiel. Daher muss man sich das anschauen und entsprechend das Geld verteilen.

Glaubst Du, dass im Internet eher die Wahrheit zu finden ist als in den herkömmlichen Medien?

Nein, bei uns sind die öffentlich-rechtlichen Medien schon ziemlich zuverlässig, was die Fakten angeht. Zwar findet man online Leute, mit denen ich mehr einverstanden bin als mit Leuten, die jetzt bei ARD oder so auftauchen, aber wenn man den Durchschnitt von sozialen Medien nimmt, dann ist weit weniger Wahrheit drin.

Weißt Du, was ein Verfassungsstaat ist?

Ich glaube, es ist ein Staat, dessen Gesetzgebung auf einer Verfassung basiert, von der alles abgeleitet wird.

Weißt Du, was Volkssouveränität bedeutet?

Ich glaube, das ist das Prinzip, dass das Volk sich selbst regiert. Unabhängig von einem König.

Was, glaubst Du, macht der Bundestag?

Der Bundestag beschließt Gesetze und wählt den Bundeskanzler.

Vertraust Du dem Bundesverfassungsgericht?

Manchmal könnten die schon mehr tun, aber die müssen wohl zurückhaltend sein.

Der Landesregierung?

Weniger.

Der Bundesregierung?

Zum Teil.

Vertraust Du Parteien allgemein?

Das Konzept von Parteien hat positive und negative Aspekte. Ich kann nicht pauschal ja oder nein sagen.

Glaubst Du, dass Parlamente / Politiker im Sinne derer handeln, die sie gewählt haben, oder anderweitig gelenkt werden?

Es kommt auf den Repräsentanten an.

Und wer würde die lenken?

Der Lobbyismus beispielsweise, eigene Interessen, die sich nach der Wahl entwickelt haben, oder vielleicht waren sie auch bei den Wahlzielen unehrlich. Auch finanzielle Interessen könnten sie lenken.

Was willst Du mit Deiner Wahl erreichen? Einfluss auf die Zusammensetzung der Regierung, damit eigene politische Interessen berücksichtigt werden, oder Kritik an der Politik ausdrücken?

Das Erste.

Als Du noch nicht wählen durftest, wärest Du da gerne mehr eingebunden worden und wie?

Ich hätte gerne das Recht gehabt zu wählen.

Und hättest Du Ideen für junge Leute, die noch nicht wählen dürfen, wie man die besser einbinden kann?

Junge Menschen könnten demonstrieren.

Du hast gesagt, Du bist Sozialist; was würdest Du abschaffen, wenn Du könntest?

Ich würde Monopole aufbrechen. Dann würde ich Gewerkschaften stark unterstützen. Dann würde ich Massenwohnungsbesitzer einen steinernen Weg legen. Auch würde ich Zweitwohnungen stark besteuern.

Aber würdest Du innerhalb des jetzigen Systems bleiben oder würdest Du zum Beispiel die Gewaltenteilung abschaffen?

Nein, die Gewaltenteilung ist sehr wichtig.

Wenn nicht genügend Leute dafür wären, den Sozialismus einzuführen, oder sie würden ihn einführen und nach vier Jahren wieder abwählen, wäre für Dich der Sozialismus oder die Demokratie wichtiger?

Demokratie steht natürlich an erster Stelle.

Du müsstest die Leute aber enteignen?

Das ginge ja nicht so schnell. Ich glaube, man kann Maßnahmen treffen, die einen näher in die Richtung bringen, und das würde über Jahre oder Jahrzehnte andauern.

Also, Du würdest da auf Freiwilligkeit setzen?

Definitiv.

Oder würdest Du einfach die wohlfahrtsstaatliche Demokratie stärker ausbauen? Den Sozialstaat stärken? Oder würdest Du tatsächlich einen Systemwechsel anstreben?

Eigentlich Ersteres.

Und hältst Du das für realistisch? Glaubst Du, dass sowas passiert?

Definitiv, ja. Das ist einfach die Natur der Dinge. Die Natur von Politik überall auf der Welt ist, dass es linker und linker wird. Links steht für Fortschritt, also wird die Welt immer weiter nach links rücken.

21 Jahre

3.20 Feuerwehr und Landjugend haben mich geprägt

Männlich, 21 Jahre, angestellter Handwerker (davor Realschule und Berufsschule), Ort mit 1000 Einwohnern, Februar 2022

Ich weiß nicht, in der Feuerwehr und in der Landjugend, wenn das dazu zählt

Was ist für Dich Demokratie?

Für mich ist Demokratie Gleichberechtigung und dass jeder seine Meinung vertreten kann.

Sprichst Du oft über Politik und hast Du den Eindruck, dass Du Deine Meinung wirklich frei sagen kannst?

Ich spreche gerne über Politik, ich spreche auch gerne über die aktuellen Gesetze. Ich bin aber jetzt nicht so, dass ich meine Meinung unbedingt vertreten muss, also ich habe sie für mich, aber ich bin da jetzt nicht so, dass ich raus geh.

Findest Du es gut, dass wir in einer Demokratie leben?

Ja, eigentlich schon.

Fühlst Du Dich durch den Staat repräsentiert?

Ja.

Bist Du politisch aktiv?

Nein.

Bist Du Mitglied in einer Partei?

Ja, aber nur passiv.

Engagierst Du Dich in einer Organisation, das kann auch ein Verein oder Orchester, etc. sein?

Ja. In der Feuerwehr und in der Landjugend, wenn das dazu zählt.

Wenn Du könntest, was würdest Du in der Politik verändern?

Das ist eine schwierige Frage.

Gibt es irgendwas, was Du abschaffen würdest, wenn Du könntest?

Ich wüsste gerade nichts.

Fühlst Du Dich in der Bundesrepublik Deutschland diskriminiert?

Nein.

Was hältst Du vom Grundgesetz der Bundesrepublik Deutschland?

Ich finde es gut, aber man interpretiert es etwas zu weit. Das hat man während der Corona-Zeit gemerkt.

Hättest Du gerne mehr Volksentscheide?

Ja.

Was könntest Du Dir vorstellen?

Bei Entscheidungen für die Landwirtschaft sollte es mehr Volksentscheide geben.

Wer sollte Wahlrecht haben?

Meiner Meinung nach eigentlich alle deutschen Staatsbürger ab 16 Jahren, da ist man schon in einem Alter und ist auch in der Schule so weit, dass man Entscheidungen treffen kann.

Was heißt für Dich Freiheit?

Ich will nicht sehr eingeschränkt sein, halte mich aber an die Regeln und Gesetze.

Was ist für Dich Gerechtigkeit?

Wenn jeder gleich behandelt wird und keine Abstufungen gemacht werden.

Weißt Du, was ein Verfassungsstaat ist?

Nein, aber das habe ich schon gehört.

Weißt Du, was Volkssouveränität bedeutet?

Nein.

Was, glaubst Du, macht der Bundestag?

Die besprechen die aktuellen Themen.

Und weißt Du, wofür er so verantwortlich ist?

Das, was gerade wichtige Themen sind. Die werden entschieden und umgesetzt. Das tritt in Kraft.

Vertraust Du dem Bundesverfassungsgericht?

Ja.

Vertraust Du der Landesregierung?

Ja.

Vertraust Du der Bundesregierung?

Ja.

Und Politikern allgemein?

Nein.

Glaubst Du, dass Parlamente/Politiker im Sinne derer handeln, die sie gewählt haben, oder anderweitig gelenkt werden?

Ich glaube, die entscheiden eigenständig und stimmen sich untereinander ab.

Was willst Du mit Deiner Wahl erreichen? Einfluss auf die Zusammensetzung der Regierung, damit eigene politische Interessen berücksichtigt werden, oder Kritik an der Politik ausdrücken?

Das erste eigentlich.

3.21 Früher gab es keine Demokratie

Männlich, 21 Jahre, Berufsschule (davor Gymnasium), Ort mit ca. 1000 Einwohnern, (Stadtteil einer Gemeinde mit 13.000 Einwohnern), Juli 2022

Deswegen schätzt man die Demokratie nicht so, obwohl es früher nicht so war und viele Menschen teilweise auch dafür sterben mussten, dass Demokratie überhaupt möglich ist

Was bedeutet für Dich Demokratie?

Demokratie ist für mich, dass jeder das gleiche Recht hat, dass keiner bevorzugt wird. Früher gab es keine Demokratie und viele Menschen mussten dafür sterben, damit Demokratie überhaupt möglich ist. Für uns ist es nun schon ein Leben lang so, daher schätzen wir es zu wenig.

Sprichst Du oft über Politik und hast Du den Eindruck, dass Du Deine Meinung frei sagen kannst?

Also, über Politik spreche ich nicht oft und bin auch nicht so interessiert. Vor den Wahlen beschäftige ich mich mit Politik, wenn es nötig ist. Aber ich hätte schon gerne, dass mir zugehört wird, wenn ich jemandem meine politische Meinung mitteile. Es gibt schon Themen, die ich mit meinen Freunden und meiner Familie bespreche, und ich glaube, wenn ich ein Anliegen hätte, würde ich auch gehört werden. Aber ich halte mich lieber zurück, nicht dass ich etwas falsches sage. Aber solche Unterhaltungen interessieren mich auch nicht.

Fühlst Du Dich durch den Staat repräsentiert?

Ich finde, unser Staat ist etwas mehr auf die älteren Generationen konzentriert, und es sollte mehr für Jugendliche gemacht werden. Ich kann es aber verstehen, da der Großteil unserer Bevölkerung älter ist. Aber ich identifiziere mich schon mit unserem Staat.

Bist Du politisch aktiv?

Nein.

Bist Du Mitglied in einer Partei?

Nein.

Engagierst Du Dich in einer Organisation, das kann auch ein Verein oder Orchester, etc. sein?

Ja, also ich bin in zwei Vereinen tätig, einmal in einem Sportverein und einmal in einem familiären Verein, der ist sehr klein und ich mache da nur mit, weil mein Vater drin ist.

Bist Du Trainer im Sportverein oder trainierst Du selbst?

Ich bin seit 12 Jahren in einem Volleyballverein und da bin ich aktiv, nur mach jetzt seit einem halben Jahr Pause, weil es mir nicht mehr so viel Spaß macht. Ich bin da auch bei Aufbauarbeiten für Feste dabei oder für die Organisation. Ich bin auch schon gefragt worden, ob ich mehr Verantwortung übernehmen will, aber ich bin lieber in dem anderen Verein mehr tätig. Also der Verein hat ungefähr 90 Mitglieder und im Ausschuss sind insgesamt ungefähr 14 Leute.

Was macht der Verein?

Wir nennen ihn „Stammtisch“. Also, es ist ein Stammtisch. Wir organisieren Feste, also beispielsweise das Sonnenfeuer in unserem Dorf, und da waren sämtliche Leute von überall dabei. Da bin ich an der Bar am Ausschank gestanden, und habe teilweise auch Englisch sprechen müssen, was mich positiv überrascht hat. Bei uns gibt es auch ein Nibelungenfest, das ist immer übers Wochenende, und dort haben wir einen sehr großen Stand mit dem Motto „Jäger und Fischer“. Wir verkleiden uns alle altertümlich und verkaufen Essen und Trinken. Hierfür bin ich auch in der Organisation und beim Aufbau und Mitarbeiten dabei. Früher war das ein Fußballverein, das ist jetzt aber bisschen in den Hintergrund gerückt, und wir heißen ja auch „Stammtisch“. Trotzdem organisieren wir alle zwei Jahre ein Fußballturnier.

Bist Du religiös?

Ich bin offiziell katholisch, ich glaube auch an Gott, aber ich glaube nicht an alles, was in der Bibel steht.

Was ist für Dich das wichtigste Thema, um das sich die Politik dringend kümmern müsste?

Umweltschutz.

Was genau würdest Du da in die Wege leiten?

Also, wenn ich jetzt etwas fordern könnte, wäre es auf jeden Fall weniger Verbrauch von Plastik und die Förderung des ÖPNV. Das 9-Euro-Ticket fand ich gut, nur leider zu kurz. Ich würde auch sagen, dass das Benzin so teuer bleiben könnte, auch wenn manche Leute vom Auto abhängig sind, vor allem am Land. Auch ich fahre viel mit dem Auto, einfach weil die Bus- und Zugverbindungen zu schlecht sind. Ich würde es trotzdem gut finden, wenn die CO2-Steuer höher wäre.

Was würdest Du sofort abschaffen, wenn Du könntest?

Das aktuelle Schulsystem.

Was genau stört Dich daran?

Mich stört, dass man auf viele wichtige Themen im Leben nicht vorbereitet wird wie zum Beispiel etwas über Steuern oder über das Kochen. Das lernt man nicht unbedingt bei den Eltern. Dafür könnte man unnötigere Themen wie Details in Physik oder Chemie weglassen. Das meine ich für alle Schulen.

Fühlst Du Dich in der Bundesrepublik Deutschland diskriminiert?

Nein.

Hast Du Diskriminierung von Leuten aus Deinem Freundeskreis oder im Umfeld erlebt?

Diskriminierung im Sinne von Rassismus oder dass Leute mit Behinderung diskriminiert werden, kriege ich nicht mit.

Was hältst Du vom Grundgesetz der Bundesrepublik Deutschland?

Ich kenne mich nicht so gut aus. Aber ich denke, das passt so.

Hättest Du gerne mehr Volksentscheide (direkte Demokratie)?

Ich habe nicht mitgekriegt, dass es zu wenig Volksentscheide gibt, und glaube, das ist gut so, wie es ist.

Wer sollte alles Wahlrecht haben?

Also, ich würde grundsätzlich sagen, jeder ab 16 Jahren, denn ob das dann die Jugendlichen ernst nehmen, würde ich denen selber überlassen. Ich hätte auch gerne schon mit 16 Jahren gewählt. Auch Flüchtlinge oder Immigranten sollten wählen dürfen.

Was sind für Dich die Voraussetzungen?

Also, ich würde ein Jahr warten, damit die sich bisschen in Deutschland einleben können, aber würde die nicht grundsätzlich von der Wahl ausschließen, da sie in Deutschland leben.

Was heißt für Dich Freiheit?

Freiheit bedeutet für mich, dass ich frei entscheiden kann, was ich mache, sei es in meiner Freizeit oder bei meiner Berufswahl. Auch will ich mit meinem Körper tun und lassen, was ich will.

Was wäre für Dich die Grenze für Freiheit?

Wenn es anderen Menschen schadet oder die benachteiligt werden.

Was heißt für Dich Gleichheit oder Gerechtigkeit? Nehmen wir mal an, wir haben eine Pizza und drei Männer, und Du sollst die Pizza aufteilen, ein Mann arbeitet, ein Mann arbeitet nicht und der dritte arbeitet nicht, weil er eine Behinderung hat. Wie würdest Du die Pizza aufteilen?

Erst einmal würde ich fragen, wieviel Hunger die haben. Wenn alle Hunger haben, dann würde ich die Pizza in drei gleich große Stücke aufteilen, denn man weiß nicht, warum der zweite Mann nicht arbeitet. Außerdem muss jeder Mensch essen.

Und wenn es nun ums Geld ginge?

Mein erster Gedanke wäre, alles gerecht aufzuteilen. Vielleicht würde ich dem Mann mit Behinderung mehr geben als dem Mann, der sowieso schon was verdient, und bei dem Mann ohne Arbeit müsste ich jetzt die Hintergründe wissen, damit ich das wirklich komplett aufteilen könnte, aber ich würde das je nach Bedarf verteilen. Also, wenn ich weiß, dass jemand viel Geld braucht, weil er nicht so viel hat, würde ich dem mehr Geld geben als dem, der eh schon genug hat.

Glaubst Du, dass im Internet eher die Wahrheit zu finden ist als in den herkömmlichen Medien? Mit Medien meine ich die öffentlich-rechtlichen Rundfunksender, mit Internet eher Social Media.

Grundsätzlich sind die öffentlich-rechtlichen Medien seriös, denn wenn ich die Nachrichten schaue, fühle ich mich schon informiert und denke auch, dass ich richtige Informationen bekommen habe. Im Internet ist auch nicht alles falsch, ich lese da lieber, weil ich gezielt nach Informationen schauen kann, die mich interessieren. Man muss halt Übung haben, um Unseriöses zu erkennen.

Weißt Du, was ein Verfassungsstaat ist?

Ein Verfassungsstaat ist ein Staat, der eine Verfassung hat.

Weißt Du, was Volkssouveränität bedeutet?

Mir fällt es gerade nicht ein.

Was, glaubst Du, macht der Bundestag?

Der Bundestag entscheidet über aktuelle politische Themen von der Bundesrepublik Deutschland.

Vertraust Du dem Bundesverfassungsgericht?

Ja, schon, einfach aus dem Grund, dass ich Deutschland generell sehr vertrauenswürdig sehe. Deshalb vertraue ich auch unserer Regierung, auch wenn zwei oder vielleicht sogar drei Parteien regieren, die ich nicht gewählt habe. Ich vertraue auch unserem Gericht.

Vertraust Du der Landesregierung?

Ja, ich vertrau der, ich bin aber kein Mensch, der viel hetzt oder so. Auch während der Pandemie habe ich kaum über die Regierung geschimpft. Ich selbst würde es besser nicht können und finde, wir sind gut durch die Pandemie gekommen, und das ist beeindruckend.

Vertraust Du den Parteien?

Es gibt schon Parteien, die find ich jetzt unseriös. Aber vertrauen tue ich den meisten Parteien schon.

Glaubst Du, dass Parlamente/Politiker im Sinne derer handeln, die sie gewählt haben oder anderweitig gelenkt werden? Wenn ja, von wem?

Natürlich schauen die schon sehr auf die Leute, die sie auch gewählt haben. Die wurden nicht umsonst gewählt, sondern weil sie etwas richtig machen, und deswegen werden sie wahrscheinlich das, was sie richtig machen, so beibehalten. Aber sie können auch nicht immer nur auf ihre Wähler schauen, sondern müssen auch auf die restlichen Bürger achten.

Was willst Du mit Deiner Wahl erreichen? Einfluss auf die Zusammensetzung der Regierung, damit eigene politische Interessen berücksichtigt werden, oder Kritik an der Politik ausdrücken?

Mit meiner Wahl will ich mein eigenes politisches Interesse zeigen.

3.22 Tabea: Wir sollten den Weltfrieden erreichen

Tabea, 21 Jahre, Ausbildung (davor Gymnasium), Großstadt mit 1.578.667 Einwohnern, ein Kind

Sowas wie Weltfrieden sollten wir irgendwie mal erreichen

Was bedeutet für Dich Demokratie?

Gleichberechtigung, Mitspracherecht und dass jede Stimme gleich viel wert ist. Demokratie ist auch die Möglichkeit, sich für etwas einzusetzen, und dass das, wenn man genügend Menschen hat, die der gleichen Meinung sind, auch durchgesetzt wird.

Sprichst Du oft über Politik und hast Du den Eindruck, dass Du in Deutschland Deine Meinung frei sagen kannst?

Ich glaube, jetzt nicht besonders häufig, ich würde mich durchschnittlich einschätzen. Aber ich habe schon den Eindruck, dass ich meine Meinung frei äußern kann. Ich frage mich nur, wieviel freie Meinungsäußerung es wirklich ist, denn man bekommt über Medien gezielte Informationen und teilweise auch geleitete Informationen und wenn man die dann verarbeitet und wieder erzählt, dann ist man doch davon beeinflusst. Aber generell würde ich sagen, dass wir 90 Prozent freie Meinungsäußerung haben.

Findest Du es gut, dass wir in einer Demokratie leben?

Ja, auf jeden Fall.

Fühlst Du Dich durch den Staat repräsentiert?

Größtenteils schon. Ich glaube, es gibt noch ein Ungleichgewicht zwischen den Geschlechtern, den Altersgruppen und unterschiedlicher Bildung.

Bist Du politisch aktiv?

Nein.

Bist Du Mitglied in einer Partei?

Nein.

Engagierst Du Dich in einer Organisation, das kann auch ein Verein oder Orchester, etc. sein?

Ja, ich engagiere mich in der evangelisch-lutherischen Kirche.

Bist Du religiös?

Ja.

Was machst Du denn so in der Kirche?

Ich engagiere mich in der Jugendarbeit. Das heißt, ich biete beispielsweise für Kinder von 5 oder 6 Jahren Freizeitangebote an. Dazu gehören Bildungsangebote, Zeltlager, Ausbildung von Jugendleitern oder Tages- oder Abendveranstaltungen von Gottesdienst bis zu kirchenpolitischen Themen. Da wird man automatisch auch politisch aktiv. Die Themen sind dann unter anderem Gleichberechtigung oder gleichgeschlechtliche Ehe. Ich habe auch Konfirmandenkurse begleitet oder Großveranstaltungen mit mehreren 100 Leuten organisiert. Dazu gehören dann Konzerte, Bälle, Spaßveranstaltungen oder Jahresempfänge, die auch politische sind.

Und hast Du da auch ein Amt?

Ich sitze in der Dekanatsjugendkammer, konkret im leitenden Kreis der Jugendkirche und bin sogar Vorsitzende. Darüber hinaus habe ich ein Mandat für die Kirchenkreiskonferenz und für den Bezirksjugendring Oberbayern.

Was ist für Dich das wichtigste Thema, um das sich die Politik dringend kümmern müsste?

Da gibt es viele. Ich würde mir wünschen, dass die Schulbildung deutschlandweit angeglichen wird und dass man sich mehr um soziale Gerechtigkeit bemüht. Sozial schwache Menschen sollten stärker unterstützt werden, einfach ein leichterer Zugang, damit in so einem reichen Land wie Deutschland niemand, vor allem keine Kinder, in Armut leben muss.

Was würdest Du in der Politik verändern?

Ich würde Lobbyarbeit abschaffen, damit die Abgeordneten außer ihrem Gehalt kein Geld mehr bekommen dürfen.

Eher Bestechung dann?

Ja.

Was würdest Du sofort abschaffen, wenn Du könntest?

Man sollte den Weltfrieden erreichen. Daher würde ich ein Gesetz verabschieden, was die starke Zusammenarbeit mit China und Russland unterbindet. Wir sollten uns mehr an demokratischen Ländern und deren Ressourcen orientieren.

Fühlst Du Dich in der Bundesrepublik Deutschland diskriminiert?

Ich bin sehr privilegiert und werde nicht diskriminiert, aber ich glaube schon, dass es auch bessere und humanere Formen des Lebens gibt. Vielleicht sehe ich mich als Nicht-Reicher oder Nicht-Unternehmensbesitzer diskriminiert.

Hast Du schon mal erlebt, dass Leute in Deinem Freundeskreis oder im Umfeld diskriminiert worden sind?

Ja. Manche wegen der Hautfarbe, weil sie sich als „Trans" identifizieren oder weil sie homosexuell sind. Die werden auf der Straße angemacht oder von Menschen in höheren Positionen ausgeschlossen.

Was hältst Du vom Grundgesetz der Bundesrepublik Deutschland?

Es ist sinnvoll, es ist wichtig, ich finde es gut, dass man es nicht so leicht umstoßen kann.

Hättest Du gerne mehr Volksentscheide (direkte Demokratie)?

Ich hätte es gerne, dass Volksentscheide manchmal bindender sind, dass die besser oder verpflichtender umgesetzt sind, weil sie manchmal nur als Vorschlag angesehen werden. Ansonsten glaube ich, dass die Menschen gar nicht immer per Volksentscheid abstimmen wollen. Wenn nur wenige Leute zu einem Volksentscheid gehen würden, wäre das nicht demokratischer.

Wer sollte alles Wahlrecht haben?

Einerseits würde ich sagen, dass Menschen, die mindestens seit 5 Jahren hier leben, wählen können sollten. Die Staatsbürgerschaft ist für mich nicht so wichtig, doch ich finde, dass die dann aus ihrem Ursprungsland das aktive Wahlrecht abgeben sollten. Außerdem fände ich es besser, wenn die Altersgrenze nach unten gesetzt werden würde, auch wenn ich mir auch noch nicht sicher bin, auf wie niedrig – vielleicht auf 12 – 14 Jahre. Vielleicht könnten Eltern das Wahlrecht für jüngere Kinder ausüben. Eigentlich finde ich, dass auch Jugendliche mündig genug sind, Entscheidungen zu treffen, also jemanden zu wählen, der ihre Meinung vertritt.

Was heißt für Dich Freiheit?

Hingehen zu können, wo ich will, wann ich will, mit wem ich will, und dort mehr oder weniger machen zu können, was ich will. Wichtig ist, dass meine Freiheit die Freiheit von anderen nicht einschränkt.

Was wäre denn ein Beispiel, wo Du Rücksicht nehmen würdest?

Wenn man etwas Extremes nimmt wie Mord. Oder auch Eigentum, ich kann niemandem etwas wegnehmen.

Was heißt für Dich Gleichheit oder Gerechtigkeit? Nehmen wir mal an, Du hast eine Pizza und drei Männer und Du musst die Pizza aufteilen. Der erste Mann arbeitet, der zweite arbeitet nicht, der dritte arbeitet nicht, weil er eine Behinderung hat. Wie würdest Du die Pizza aufteilen?

Alle drei kriegen gleich viel Pizza.

Und wenn man das auf Gehälter anwendet, dass alle gleich bekommen?

Es sollte der Grundbedarf abgedeckt werden, das heißt eine alleinerziehende Person sollte mindestens ein Schlafzimmer, einen Wohnraum, eine Küche, genug Essen und Kleider haben, außerdem Geld für gelegentliche Aktivitäten oder einen Wochenendurlaub in der Region. Den Rest muss man sich erarbeiten. Das müsste auch der nicht Arbeitsfähige bekommen und dazu zum Beispiel Krankengeld. Leute, die einfach nicht arbeiten wollen, sollten dann nur den Mindestsatz bekommen.

Glaubst Du, dass im Internet eher die Wahrheit zu finden ist als in den herkömmlichen Medien?

Nein. Wir haben eine relativ offene Presse, die gut recherchiert und auch versucht, alles möglichst neutral darzustellen. Aber in einem renommierten Medium ist es auch nochmal besser, ich würde jetzt nicht die BILD nehmen. Es gibt sicher Themen oder Standpunkte, die man online findet, wo man auch gute Informationen zu bekommt, aber ich würde nicht das Internet als Hauptinformationsquelle nehmen, weil es da zu viele ungefilterte Informationen gibt. Im Internet muss man alles genau kontrollieren, um herauszufinden, ob es wirklich stimmt.

Weißt Du, was ein Verfassungsstaat ist?

Ein Staat, der sich an eine Verfassung hält.

Weißt Du, was Volkssouveränität bedeutet?

Ja, dass das Volk sozusagen die Souveränität hat, dass es alles entscheiden kann und es keinen Machthaber durch Geburtsrecht gibt.

Was, glaubst Du, macht der Bundestag?

Diskutieren und Gesetze verabschieden, Interessengruppen anhören und versuchen, einen guten Kompromiss zu finden. Ja, aber das eher in kleinen Unterausschüssen.

Vertraust Du dem Bundesverfassungsgericht?

Ja, größtenteils schon. Zwei Prozent der Entscheidungen würde ich möglicherweise anders treffen, aber die sonstigen 98 Prozent scheinen sehr fair zu sein.

Der Landesregierung?

Ja.

Der Bundesregierung?

Eindeutig mehr als meiner Landesregierung.

Parteien allgemein?

Nein. Ich glaube, dass die wenigsten ihre Wahlprogramme wirklich einhalten, was sie sich da vorgegeben haben. Und auch mit den ganzen Skandalen …

Glaubst Du, dass Parlamente / Politiker im Sinne derer handeln, die sie gewählt haben, oder anderweitig gelenkt werden?

Ich glaube, das ist sehr personenabhängig.

Und wer lenkt die dann?

Vielleicht Lobbygespräche ohne Gegenlobby. Aber nicht im Sinne einer Verschwörungstheorie.

Was willst Du mit Deiner Wahl erreichen? Einfluss auf die Zusammensetzung der Regierung, damit eigene politische Interessen berücksichtigt werden, oder Kritik an der Politik ausdrücken?

Ich glaube, hauptsächlich das erste. Aber ich meine, natürlich ist das zweite auch irgendwie ein bisschen drin vertreten, aber ich glaube, hauptsächlich das erste.

Du darfst ja schon wählen, aber auch noch nicht so lange. Als Du noch nicht wählen durftest, wärest Du da gerne mehr eingebunden worden und wie hätte man das machen können?

Ich glaube, ich hätte gerne in der Schule mehr Sozialkundeunterricht und Diskussionsunterricht gehabt. Außerdem weiß ich erst jetzt von vielen Angeboten wie regierungsberatenden Schülerparlamenten oder anderen Möglichkeiten sich zu beteiligen, man sollte dies besser bewerben. Vom sommer.doc habe ich zum Beispiel erst erfahren, als ich schon zu alt war.

3.23 David: Es gibt große Unterschiede zwischen der BILD oder der FAZ

David, männlich, 21 Jahre, Universität (davor Gymnasium), Großstadt mit 1.578.667 Einwohnern, bis zum vierten Lebensjahr Ukraine, August 2022

Den klassischen Medien vertraue ich mehr. Allerdings muss man aufpassen, welche Zeitung das ist. Da unterscheiden sich die BILD oder die FAZ. Man muss auch schauen, wer das geschrieben hat

Was bedeutet für Dich Demokratie?

Demokratie bedeutet für mich, dass das Volk entscheidet, wer regiert.

Sprichst Du oft über Politik und hast Du den Eindruck, dass Du in Deutschland Deine Meinung frei sagen kannst?

Ich spreche oft über Politik, doch in manchen Umfeldern kann ich meine Meinung nicht frei sagen. Aber unter Freunden oder in der Familie ist es kein Problem.

Findest Du es gut, dass wir in einer Demokratie leben?

Ja, auf jeden Fall.

Fühlst Du Dich durch den Staat repräsentiert?

Ich glaube schon, dass das, wofür ich einstehe, irgendwo mitgetragen wird. Es wird aber die Meinung von vielen Personen abgedeckt, die auch unterschiedliche Meinungen haben.

Bist Du politisch aktiv?

Ich bin in keiner Partei aktiv, aber ich habe vor ein paar Monaten an einer Demonstration teilgenommen. Da ging es um die Ukraine. Außerdem bin ich in der Europäischen Janusz Korczak Akademie aktiv. Da gibt es verschiedene Projekte, darunter zum Beispiel „Empowering Jewish Voices against Antisemitism". Dort werden junge Menschen und Studenten ausgebildet. Es geht beispielsweise darum, was Antisemitismus überhaupt ist, wo kommt das her und so weiter. Wir gehen dann in Schulklassen und bilden andere.

Bist Du Mitglied in einer Partei?

Nein.

Engagierst Du Dich zusätzlich in einer nicht-politischen Organisation, das kann auch ein Verein oder Orchester, etc. sein?

Ja, ich bin im Synagogenchor.

Bist Du religiös?

Ja, ich persönlich schon.

Und bist Du auch Mitglied in einer Gemeinde?

Ja, in der Jüdischen Gemeinde.

Was ist für Dich das wichtigste Thema, um das sich die Politik dringend kümmern müsste?

Derzeit ist das wichtigste Thema der Krieg in der Ukraine. Andererseits ist auch die Politik gegenüber Israel von großer Bedeutung. Beides ist Außenpolitik. Da gehört auch die USA dazu.

Und wie würdest Du Dir wünschen, sollte die Außenpolitik gegenüber den USA sein?

Das Bündnis sollte stärker sein.

Was würdest Du sofort abschaffen, wenn Du könntest?

Ich würde die Bürokratie reduzieren. Viele immer gleiche Informationen muss man immer wieder neu eintragen. Das könnte besser organisiert sein zum Beispiel mit One-Stop-Shops.

Fühlst Du Dich in der Bundesrepublik Deutschland diskriminiert?

Nein.

Bist Du schon mal Zeuge geworden davon, dass Leute in Deinem Freundeskreis oder im Umfeld diskriminiert worden sind?

Ich kann jetzt keinen konkreten Fall nennen.

Was hältst Du vom Grundgesetz der Bundesrepublik Deutschland?

Das ist eine sinnvolle Sache.

Hättest Du gerne mehr Volksentscheide (direkte Demokratie)?

Ich glaube für bestimmte Sachen schon, für andere Sachen ist es besser, wenn Profis das übernehmen.

Was wäre ein Beispiel, wo Du sagen würdest, da wäre es gut?

Vielleicht wären die Leute während der Corona-Pandemie zufriedener gewesen, wenn über bestimmte Maßnahmen abgestimmt worden wäre.

Wer sollte alles Wahlrecht haben?

Jeder Bürger in Deutschland. Ich finde aber, dass jeder EU-Bürger, der seit längerem in Deutschland lebt, auch Wahlrecht bekommen sollte.[3]

Und ab wieviel Jahren?

Ab 18 Jahren oder ab 16 Jahren. Das ist mir egal.

Was heißt für Dich Freiheit?

Freiheit ist, das tun zu können, was man will, ohne irgendwelche Konsequenzen, solange es im Rahmen passiert, solange man beispielsweise niemanden ermordet oder sowas.

Weil wir jetzt gerade schon über Corona gesprochen hatten, da ging es ja auch darum, dass die Freiheit eingeschränkt wurde, gleichzeitig ging es um Rücksicht. Wo wäre denn für Dich die Grenze? Wurde Deine Freiheit zu sehr eingeschränkt oder hat das gepasst?

Also meistens fand ich es passend, aber als dann ein halbes Jahr lang Lockdown war, da war es schon schwer, auf menschliche Kontakte zu verzichten, beziehungsweise alles nur online zu haben.

Wie war das an der Universität?

Da hatten wir Online-Lehre. Also unsere Vorlesungen wurden live übertragen und aufgezeichnet, und wir hatten auch Online-Übungen, also Online-Tutor-Übungen. Für mich war das gut. Wir waren an der Fakultät für Informatik auch gut ausgerüstet. Die Prüfungen wurden auch online abgehalten.

Was heißt für Dich Gleichheit oder Gerechtigkeit? Nehmen wir mal an, Du hast eine Pizza und drei Männer, und Du musst die Pizza aufteilen. Der erste Mann arbeitet, der zweite arbeitet nicht, der dritte arbeitet nicht, weil er eine Behinderung hat. Wie würdest Du die Pizza aufteilen?

Ich würde die Pizza so aufteilen, dass der Mann, der arbeitet, das größte Stück erhält, dann der, der nicht arbeiten kann, das zweitgrößte bekommt, und der, der nicht arbeiten will, das Kleinste.

---

[3] Auf kommunaler Ebene ist das Wahlrecht für EU-Bürger bereits verwirklicht.

Wenn ich dies nun auf Gehälter beziehe – wie würdest Du dann entscheiden?

Das wäre ähnlich und wird ja auch so gemacht.

Glaubst Du, dass im Internet eher die Wahrheit zu finden ist als in den herkömmlichen Medien? Mit Medien meine ich die klassische Presse, die größeren Zeitungen oder öffentlich-rechtliches Fernsehen, mit Internet meine ich alle möglichen Websites und Social Media.

Im Internet findet man die gleiche Wahrheit wie in den herkömmlichen Medien, aber zusätzlich noch viele Unwahrheiten. Den klassischen Medien vertraue ich mehr. Allerdings muss man aufpassen, welche Zeitung das ist. Da unterscheiden sich die BILD oder die FAZ. Man muss auch schauen, wer das geschrieben hat.

Weißt Du, was ein Verfassungsstaat ist?

Ein Verfassungsstaat? Also ein Staat, der eine Verfassung hat, die aktiv eingesetzt wird.

Weißt Du, was Volkssouveränität bedeutet?

Nein.

Was, glaubst Du, macht der Bundestag?

Der Bundestag hält Sitzungen ab und trifft dann Entscheidungen. Dies betrifft sowohl innen- als auch außenpolitische Themen.

Vertraust Du dem Bundesverfassungsgericht?

Ja.

Der Landesregierung?

Ja.

Der Bundesregierung?

Ja.

Parteien allgemein?

Am Parteiensystem zweifle ich nicht. Aber an einzelnen Parteien schon.

Glaubst Du, dass Parlamente / Politiker im Sinne derer handeln, die sie gewählt haben, oder anderweitig gelenkt werden?

Ich glaube nicht an eine Weltverschwörung. In den meisten Fällen handeln die Parlamente oder die Politiker schon im Sinne von den Bürgern, weil sie von den Bürgern gewählt wurden. Das geben sie zumindest vor. Manchmal werden sie von Unternehmen oder anderen Interessengruppen beeinflusst, doch auch das ist Politik. Wenn bei einem großen Konzern dann Geld fließt, ist das eine andere Problematik.

Was willst Du mit Deiner Wahl erreichen? Einfluss auf die Zusammensetzung der Regierung, damit eigene politische Interessen berücksichtigt werden, oder Kritik an der Politik ausdrücken?

Auf jeden Fall das Erste.

Du darfst ja mittlerweile wählen, aber auch noch nicht so lange, erinnerst Du Dich noch zurück an die Zeit, als Du jugendlich warst und noch nicht wählen durftest, wärest Du gerne mehr eingebunden worden und wie hätte man das machen können?

Ein paar Tage vor meinem 18. Geburtstag fand die Landtagswahl statt. Ich hätte gerne mitgewählt und war richtig deprimiert. Aber ich hätte auch nicht gewusst, wen ich hätte wählen sollen. Ich hatte keine Ahnung, wofür die einzelnen Parteien stehen und was in ihren Programmen steht.

Meinst Du, Du hättest Dich vielleicht informiert, wenn Du es gemusst hättest?

Nein.

22 Jahre

3.24 Wichtig sind die Gleichberechtigung aller Geschlechter und Umweltpolitik

Weiblich (oder vielleicht divers), 22 Jahre, Berufsschule (davor FOS und Universität), Ort mit 12.000 Einwohnern (Gemeindeteil mit ca. 1000 Einwohnern), Juli 2022

Wichtig sind mir die Gleichberechtigung aller Geschlechter und Umweltpolitik. Und da schwingt auch Weiterentwicklung von erneuerbaren Technologien mit.

Was bedeutet für Dich Demokratie?

Freie Meinungsäußerung, dass ich politisch mitentscheiden und theoretisch etwas verändern kann, wenn ich mich dafür einsetze.

Sprichst Du oft über Politik und hast Du den Eindruck, dass Du Deine Meinung frei sagen kannst?

Ich spreche schon oft über Politik und ich habe schon das Gefühl, dass ich meine Meinung frei sagen kann.

Mit wem sprichst Du über Politik?

Meist mit meinen Geschwistern oder mit Freunden.

Findest Du es gut, dass wir in einer Demokratie leben?

Ja, auf jeden Fall.

Siehst Du Dich durch den Staat repräsentiert?

Die aktuell regierenden Parteien repräsentieren mich nicht wirklich, weil manche Themen werden zu locker angegangen.

Bist Du politisch aktiv?

Nein.

Bist Du Mitglied in einer Partei?

Nein.

Engagierst Du Dich in einer Organisation, das kann auch ein Verein oder Orchester, etc. sein?

Nein.

Bist Du religiös?

Ich habe einen christlichen Glauben, aber ich unterstütze die katholische Kirche nicht.

Bist Du Mitglied in der katholischen Kirche?

Ich plane auszusteigen, obwohl ich gläubig bin. Die Kirche finde ich nicht gut.

Was ist für Dich das wichtigste Thema, um das sich die Politik dringend kümmern müsste?

Wichtig sind mir die Gleichberechtigung aller Geschlechter und Umweltpolitik. Und da schwingt auch Weiterentwicklung von erneuerbaren Technologien mit.

Was würdest Du in der Politik verändern?

Ich würde das Wahlalter auf 16 Jahre senken. Außerdem müssten die Schulen leichter an Gelder für Digitalisierung herankommen. Ich würde das Forschungsgeld in erneuerbare Technologien investieren.

Was würdest Du sofort abschaffen, wenn Du könntest?

Da fällt mir nichts ein.

Fühlst Du Dich in der Bundesrepublik Deutschland diskriminiert?

Nein, aber es ist schon mal vorgekommen, dass ich wegen meiner Hautfarbe ein bisschen anders behandelt wurde. Beim Einkaufen, dachte eine Verkäuferin, dass ich kein Deutsch kann, und hat dann mit mir ganz langsam wie mit einem Kleinkind geredet. Oder man redet gar nicht mit mir und ignoriert mich.

Bekommst Du mit, wenn andere diskriminiert werden?

Bei meiner Tante und bei meinen Cousinen. Die haben einen dunkleren Hautton als ich, die sehen eher wie mein afrikanischer Opa aus. Meine Cousine wurde in der Schule schon mal wegen ihrer Hautfarbe geärgert und meine Tante wurde auf der Straße schon mal abwertend angeredet; ich glaube, einmal wurde ihr gesagt, dass sie zurück in den Dschungel gehen soll.

Was hältst Du vom Grundgesetz der Bundesrepublik Deutschland?

Ich finde es super wichtig, dass es das gibt. Und ich finde auch, die ersten Paragraphen sind alle umgesetzt.

Hättest Du gerne mehr Volksentscheide (direkte Demokratie)?

Ja, auf jeden Fall.

Worüber zu Beispiel?

Jetzt zum Beispiel kommt das neue Geschlechtsidentifikationsgesetz. Hierzu hätte man vor ein paar Jahren einen Volksentscheid gut gebrauchen können. Auch bei der „Ehe für alle" hätte ich Volksentscheide gut gefunden. Ähnliches gilt auch für die Umweltpolitik. Bei Dingen, die die Bevölkerung beeinflusst, sollten sie auch mitreden dürfen.

Und Du glaubst, die hätten dann so gestimmt, wie Du denkst?

Viele junge Leute sind schon meiner Meinung. Bei der älteren Generation schaut es anders aus; aber ich finde es trotzdem gut, wenn man alle einbezieht, denn jede Meinung ist gleichwertig.

Wer sollte alles Wahlrecht haben?

Alle ab 16 Jahren sollten wählen können. Dadurch informieren sich die Jugendlichen dann besser. Eine Altersobergrenze fände ich eventuell auch nicht schlecht.

Warum?

Weil ältere Leute andere Vorstellungen von der Zukunft haben. Zum Beispiel haben vor allem ältere Menschen in Großbritannien für den Brexit gestimmt, obwohl die meisten Jugendlichen in der EU bleiben wollten, weil es für ihre Zukunft besser ist. Wenn man eine Altersobergrenze hat, dann wäre das fairer.

Was heißt für Dich Freiheit?

Dass ich meine Meinung äußern kann, solange ich niemanden beleidige. Freiheit heißt für mich auch, dass ich meinen Beruf oder über mein Geschlecht frei entscheiden kann.

Und was sind für Dich die Grenzen?

Wenn es dazu kommt, dass andere durch meinen Lebensstil zu Schaden kommen.

Was heißt für Dich Gleichheit oder Gerechtigkeit? Nehmen wir an, wir haben eine Pizza und drei Männer und Du sollst die Pizza aufteilen. Der erste Mann arbeitet, der zweite Mann arbeitet nicht und der dritte arbeitet nicht, weil er eine Behinderung hat. Wie würdest Du die Pizza aufteilen?

Ich würde drei gleich große Stücke machen.

Und würdest Du das auch so halten, wenn es um Gehälter geht?

Ich würde allen das geben, was sie benötigen. Also bekämen alle gleich viel. Jeder bekommt das Grundeinkommen und wer arbeiten geht, bekommt mehr.

Glaubst Du, dass im Internet eher die Wahrheit zu finden ist als in den herkömmlichen Medien? Mit Medien meine ich den öffentlich-rechtlichen Rundfunk, die klassischen Zeitungen, auch deren Internetauftritte, und mit Internet meine ich vielleicht Social Media, Messenger und so weiter.

Ich glaube der öffentlich-rechtliche Rundfunk zeigt eher die Wahrheit. In Social Media sind mehr Falschaussagen.

Weißt Du, was ein Verfassungsstaat ist?

Das ist ein Staat mit einer Verfassung, zum Beispiel Deutschland.

Weißt Du, was Volkssouveränität bedeutet?

Ich bin mir nicht sicher; ich glaube, das heißt Selbstentscheidung.

Was, glaubst Du, macht der Bundestag?

Die haben Sitzungen, besprechen die aktuelle Situation und bringen Gesetzesvorschläge, die dann überprüft und abgestimmt werden. Außerdem internationale Beziehungen bereden.

Vertraust Du dem Bundesverfassungsgericht?

Zum Teil. Einerseits sind sie eine sinnvolle Kontrolle, andererseits hängt das davon ab, wer gerade im Bundesverfassungsgericht sitzt und das weiß ich nicht.

Der Landesregierung?

Der Landesregierung vertraue ich grundsätzlich schon, aber sie repräsentiert meine Meinung nicht gut.

Der Bundesregierung?

Das ist das Gleiche wie bei der Landesregierung.

Vertraust Du Parteien allgemein?

Parteien sind relativ groß; bei einzelnen Personen würde ich sagen ja, aber anderen Personen dann wieder nicht.

Glaubst Du, dass Parlamente / Politiker im Sinne derer handeln, die sie gewählt haben, oder anderweitig gelenkt werden?

Ich glaube, viele werden anderweitig gelenkt, was man auch an verschiedenen Vorfällen sieht. So werden beispielsweise CDU-Politiker irgendwie anderweitig bezahlt. Und wenn man jetzt den viel zu langsamen Kohleausstieg sieht, dann denke ich mir, dass eine Lobby dahintersteht.

Was willst Du mit Deiner Wahl erreichen? Einfluss auf die Zusammensetzung der Regierung, damit eigene politische Interessen berücksichtigt werden, oder Kritik an der Politik ausdrücken?

Beides. Ich hätte zwar schon gerne einen Einfluss auf die Regierung, da ich aber eine sehr kleine Partei wähle, ist es neben Einfluss nehmen auch Kritik an der Politik.

24 Jahre

3.25 Wir pflegen die Bräuche

Männlich, 24 Jahre, Berufsschule (davor Realschule), Ort mit 2000 Einwohnern (Ortsteil mit ca. 50 Häusern), Juli 2022

Wir pflegen die Bräuche, stellen den Maibaum auf und organisieren Feste.

Was bedeutet für Dich Demokratie?

Demokratie bedeutet für mich, dass jeder seine Meinung haben kann und die auch sagen darf. Auch bedeutet es, dass natürlich die Mehrheit das entscheidet, was dann passiert.

Sprichst Du oft über Politik und hast Du den Eindruck, dass Du in Deutschland Deine Meinung frei sagen kannst?

Oft über Politik rede ich nicht, aber meine Meinung kann ich schon sagen.

Findest Du es gut, dass wir in einer Demokratie leben?

Ja, auf alle Fälle. Wenn man unsere Geschichte anschaut und sieht, dass wir andere Zeiten hatten, dann bin ich schon sehr zufrieden mit der Demokratie.

Fühlst Du Dich durch den Staat repräsentiert?

Ja, eigentlich schon.

Bist Du politisch aktiv?

Nein.

Bist Du Mitglied in einer Partei?

Nein.

Engagierst Du Dich in einer Organisation, das kann auch ein Verein oder Orchester, etc. sein?

Ja, in mehreren. Ich bin in der Vorstandschaft im Dorfverein. Wir pflegen die Bräuche, stellen den Maibaum auf und organisieren Feste. Auch bin ich in der Feuerwehr und im Orchester. Da spiele ich Trompete.

Spielt Ihr dann an den Festen?

Wir spielen an allen Dorffesten: Feste, kirchliche Feste, Festzüge, und so weiter.

Bist Du religiös?

Ja. Also auf alle Fälle religiös erzogen, jetzt mittlerweile wird es ein bisschen weniger.

Bist Du Mitglied in einer Kirche?

Ja, bin ich auch.

Und engagierst Du Dich in der Kirche?

Als Kind war ich Ministrant, aber jetzt nicht mehr.

Was ist für Dich das wichtigste Thema, um das sich die Politik dringend kümmern müsste?

Wir haben eine Landwirtschaft und einen Hofladen. Wir vermarkten unsere Produkte direkt. Da steige ich gerade ein und darum fände ich eine Steuerreform sinnvoll. Das muss vereinfacht werden.

Was würdest Du in der Politik verändern?

Ich würde eben die Steuer vereinfachen.

Was würdest Du sofort abschaffen, wenn Du könntest?

Ich würde verändern, dass für die Landwirtschaft mehr übrig wäre. Wichtig wäre, dass der Handel nicht so viel bekommt, sondern die Produzenten. Die Politik sollte sich dafür einsetzen, dass die was kriegen, die dafür arbeiten. So wird beispielsweise derzeit der Käse teurer. Jeder glaubt, dass die Landwirte mehr bekommen, doch der Käse wird 2 Euro teurer, aber die Milch gerade mal 10 Cent oder so. Alles andere verdient der Handel. Das ist unfair.

Habt Ihr auch Kühe?

Ja, wir haben Milchkühe und eine Schweinemast. Das machen wir alles selbstständig. Wir vermarkten alles selbst. Wir machen auch die Wurst selbst.

Fühlst Du Dich in der Bundesrepublik Deutschland diskriminiert?

Nein.

Hast Du Diskriminierung von Leuten aus Deinem Freundeskreis oder im Umfeld erlebt?

Nein, noch nie.

Was hältst Du vom Grundgesetz der Bundesrepublik Deutschland?

Das ist wichtig.

Hättest Du gerne mehr Volksentscheide (direkte Demokratie)?

Ja, aber ich würde nur da abstimmen, wo ich mich auch auskenne. Eigentlich müssten da nur die Personen gefragt werden, die das was angeht.

Wer sollte alles Wahlrecht haben?

Eigentlich so, wie es jetzt ist.

Soll alles so bleiben, auch Wahlrecht ab 18 Jahren?

Ja.

Was heißt für Dich Freiheit?

Freiheit ist für mich, dass ich auch mal unbeobachtet bin – dass ich nicht nur überwacht werde. Corona finde ich keine Freiheitsberaubung; damit schütze ich auch andere, nicht nur mich. Man braucht Regelungen, damit wir miteinander leben können.

Was heißt für Dich Gleichheit oder Gerechtigkeit? Du hast jetzt eine Pizza und drei Männer und Du sollst die Pizza jetzt verteilen. Der eine Mann arbeitet, der zweite arbeitet nicht, der dritte arbeitet nicht, weil er eine Behinderung hat. Wie würdest Du die Pizza verteilen?

Prinzipiell würde ich sie gleich verteilen. Aber wenn einer sehr viel arbeitet und der andere arbeitet gar nichts, dann würde ich die beiden miteinander ausmachen lassen, ob nicht der Arbeitende ein bisschen mehr haben kann, weil er erschöpft ist.

Und wie würdest Du das entscheiden, wenn es um Geld ginge?

Diejenigen, die viel arbeiten müssen, sollen mehr kriegen. Diejenigen, die nicht arbeiten und die nicht arbeiten können, sind verschiedene Dinge. Oft werden die Arbeitenden bestraft und müssen noch mehr zahlen, um die anderen mitzuziehen. Manchmal sind die Arbeitenden schlechter dran als die Nichtarbeitenden.

Glaubst Du, dass im Internet eher die Wahrheit zu finden ist als in den herkömmlichen Medien? Und ich meine jetzt mit Internet vielleicht Social Media und mit Medien die klassischen Medien, wie die Tagesschau, oder die Zeitungen oder auch deren Internetauftritte.

Ich glaube, dass in den Social Media nicht unbedingt die Wahrheit steht, in den herkömmlichen Medien schon eher. Die gibt es aber auch im Internet. In den Social Media kann jeder schreiben, was er will oder Videos zusammenschneiden.

Weißt Du, was ein Verfassungsstaat ist?

Ein Staat mit Verfassung.

Weißt Du, was Volkssouveränität bedeutet?

Dass das Volk die Entscheidungen trifft.

Was, glaubst Du, macht der Bundestag?

Wir haben die gewählt und nun die bereden sie die verschiedenen Themen.

Vertraust Du dem Bundesverfassungsgericht?

Ich kenne das nicht.

Vertraust Du der bayerischen Landesregierung?

Ja, die habe ich gewählt.

Und traust Du der Bundesregierung?

Da gilt das Gleiche.

Parteien allgemein?

Es wird nicht immer eingehalten, was vorher versprochen wird.

Glaubst Du, dass Parlamente / Politiker im Sinne derer handeln, die sie gewählt haben oder anderweitig gelenkt werden?

Ich glaube, zum Großteil schon.

Was willst Du mit Deiner Wahl erreichen? Einfluss auf die Zusammensetzung der Regierung, damit eigene politische Interessen berücksichtigt werden, oder Kritik an der Politik ausdrücken?

Also ich gehe wählen, weil ich das vertrete, was im Wahlprogramm steht.

Als Du noch nicht wählen durftest: Wärst Du gerne als Jugendlicher mehr eingebunden worden?

Das ist schwierig. Da hört man die Meinungen vom Elternhaus und vertritt die dann. Vor allem wenn man in der gleichen Branche arbeitet, dann hat man logischerweise die gleichen Ansichten.

Priv.-Doz. Dr. KARIN B. SCHNEBEL

4. Reflexionen

4.1 Warum so und nicht anders?

Diese Umfragen haben gezeigt, dass junge Menschen ein ausgeprägtes Bewusstsein für die Demokratie haben. Sie wissen alle, wie wichtig es ist, in einer Demokratie zu leben und dass diese geschützt werden muss. Alle dachten darüber nach, wie man dieses Land besser gestalten kann und das nicht erst aufgrund der Umfrage. Diese Befragung spiegelte ein Bewusstsein von Politik, von den Institutionen und von demokratischen Zusammenhängen, welches doch alle Befragten durchaus entwickelt hatten. Gleichermaßen zeigte es auch bei manchen eine Unwissenheit, was sich hier wiederum als Folge fehlender politischer Bildung darstellt. Damit ist nicht der Schultyp gemeint, der dies nicht durchführt, sondern einzig und allein die wenigen Stunden in der Schule, in denen man sich zeitlich bedingt über diese Themen Gedanken machen kann. Konkrete politische Bildung hat einen sehr eingeschränkten Stundenrahmen und für Demokratieerziehung, die man in andere Fächer integrieren könnte, bleibt wenig Zeit. Diese Befragung hat wieder einmal gezeigt, dass politische Bildung schon viel früher beginnen sollte. Darauf liefen auch viele Fragen hinaus, die wir gestellt haben. Wir stellen fest, dass die politische Bildung der Jugendlichen eng damit zusammenhing, was die Eltern mit den Kindern besprochen hatten. Das spiegelt sich auch darin wo und wie sich die Jugendlichen engagieren. Corinna Wagner hat während der Umfrage immer wieder speziell nachgefragt und die Antworten hinterfragt. Im Folgenden werden die einzelnen Themen kurz interpretiert.

4.2 Demokratie und Meinungsfreiheit

Gleich auf den ersten Blick wird klar, dass der Freundeskreis bei Jugendlichen stärker im Vordergrund steht und größeren Einfluss ausübt, als die Schule. Insgesamt ist ein Bewusstsein darüber zu beobachten, dass Jugendliche ihre Meinung nicht so frei mitteilen können, wie sie das vielleicht wollen, da sie in ihren verschiedenen sozialen Gruppen gefangen sind und sich davon beeinflussen lassen. Die Anerkennung der sozialen Gruppe, in der sich die Jugendlichen bewegen, ist für die unter 18-jährigen zentral. Auch das Elternhaus hat einen großen Einfluss. Wenn die eigene Meinung davon abweicht, ist es schwierig, diese durchzuhalten, da man zum Außenseiter werden kann.

Viele Jugendliche fühlen sich vom Staat nicht repräsentiert. Unklar bleibt in den Aussagen, was damit gemeint ist; bezieht sich dies auf konkrete politische Themen oder darauf, dass sie mit dem vorhandenen Parteiensystem oder auch den konkreten Wahlmöglichkeiten nicht einverstanden sind. Die Mehrheit betrachtet sich aber trotzdem vor allem von der Landesregierung und von anderen Institutionen repräsentiert, andere jedoch weniger. Interessant ist die Selbsteinschätzung der jungen Menschen: Der Großteil der befragten Jugendlichen und vor allem diejenigen unter 18 Jahren hält die Wahl für unter 18-jährige nicht für sinnvoll. Sie denken, dass sie zu wenig davon verstehen, dies in der Schule zu wenig behandelt wird, die Meinung der Eltern im Vordergrund steht oder sie sich an den Ansichten ihrer Freunde orientieren würden. Unklar bleibt insgesamt, wie weit die Meinungsfreiheit gehen kann, beziehungsweise wo die Grenzen der Meinungsfreiheit sind. Gerade hinsichtlich des erstarkenden Rechtsextremismus oder auch des religiösen Fundamentalisus steht diese Frage vielfach im Vordergrund.

4.3 Engagement

Die hier getroffenen Angaben der Jugendlichen entsprechen in großen Teilen den Angaben der Brunswick-Studie. Wir haben zwar viele Jugendliche interviewt, die sich politisch engagieren. Doch das Engagement in politischen Parteien ist auch bei diesen, mehrheitlich interessierten Jugendlichen, gering, während das Engagement im vorpolitischen Raum ungleich größer ist. Die Befragten haben sich freiwillig für unsere Studie gemeldet. Daher gehen wir davon aus, dass es bereits Menschen sind, die sich für gesellschaftliche und politische Themen interessieren. Dies sollte hier bedacht werden. Bemerkenswert ist die Beobachtung, dass den Meisten der gesellschaftliche Zusammenhalt und der Wunsch nach gemeinsamen Werten sehr wichtig ist. Unklar blieb bei allen, worin diese gemeinsamen Werte bestehen sollten.

Der Grund hierfür könnte sein, dass in Zeiten der Unsicherheiten und Krisen Menschen die Zugehörigkeit zu Gruppen, die Anerkennung oder einfach die gefühlte Sicherheit suchen. Diese erfahren Menschen im vorpolitischen Raum stärker als in einer Partei, bei der die Ziele der Partei oder auch die eigene Leistung noch stärker im Vordergrund steht. Auch entspricht eine Partei nicht in allen Belangen den eigenen Interessen und Aussichten. Trotzdem: Krisen in Gesellschaften bewirken zwar zum einen eine größere Tendenz zur Radikalisierung, aber auch den Wunsch nach Zugehörigkeiten, was Organisationen, Zusammenschlüsse oder auch religiöse Gemeinschaften, welcher Art auch immer, erfüllen können. Dies erklärt das Engagement bei Jugendlichen, welches nicht zuletzt auch der Brunswick-Studie zufolge, zwar stärker geworden ist, jedoch vor allem im vorpolitischen Raum den Schwerpunkt hat.

4.4 Kirche und Religionsgemeinschaften

Der hier vorliegenden Studie zufolge scheinen Jugendliche religionsnah, wenn auch gelegentlich kirchenkritisch zu sein. Bei dieser Studie war die Bemühung von uns groß, einen repräsentativen Querschnitt zu erlangen, was weitgehend auch gelungen ist. Daher ist es beachtenswert, dass die Ergebnisse in Bezug auf die religiöse Einstellung ähnlich den Ergebnissen vieler Statistiken sind, der zufolge um die 80% der

Jugendlichen an einen Gott glauben. Ähnlich ist auch unser Ergebnis. Der Glaube an einen Gott ist den meisten jungen Menschen sehr wichtig. Der Glaube verleiht ihnen Sinn und gibt ihnen eine Richtung in ihrem moralischen Denken vor. Er erklärt ihnen, was richtig und falsch ist und gibt Orientierung. Der Wunsch auszutreten hat vielfach mit dem Verhältnis zum Elternhaus und deren Einstellungen zu tun oder auch mit den Themen, die im Freundeskreis besprochen werden. Nur wenige Jugendliche lehnen den Lebensstil der Eltern ab und versuchen sich politische und gesellschaftlich anders zu orientieren. Ob Kirche, Synagoge oder auch Moschee: Die Religionen sind bei weitem nicht ausgestorben, sondern erfreuen sich zunehmender Beliebtheit, wenn auch nicht unhinterfragt, in den beiden Kirchen beziehungsweise den etablierten Institutionen, auch wenn meist eine christlich-kirchliche Sozialisation zugrunde liegt. Glaube und Kirchenzugehörigkeit werden vielfach nicht miteinander verbunden.

4.5 Tagespolitik

Wenn die Themen der Tagespolitik Jugendliche betreffen, dann beschäftigen sie sich damit. Dies ist in dieser Studie die Schulpolitik, die auf starkes Interesse stößt. Auf die Frage, was sie gerne an der Politik ändern wollen, nennen die meisten daher die Schulpolitik. Viele wünschen sich mehr Fächer, die zur Persönlichkeitsentwicklung beitragen. Das Auswendiglernen halten sie für zu einseitig. Außerdem stehen die Corona-Pandemie ebenso im Vordergrund wie der Klimaschutz. Tagesaktuell sind es die Situation im Iran oder die Veränderung des Abtreibungsrechts in den Vereinigten Staaten von Amerika. Auch der Ukrainekrieg beschäftigt die jungen Menschen. Vielfach interessieren sich die Befragten vor allem für das Tagesgeschehen, da die Schule für eine tiefere Lektüre der politischen Begebenheiten wenig Zeit lässt und dies dann bei Interesse privat getan werden muss.

4.6 Arbeit und Wirtschaft

Bei den befragten Jugendlichen lässt sich hier erkennen, dass für viele Jugendliche die Umverteilung der Steuer und der staatlichen Einnahmen auf geringer Verdienende gewünscht wurde. Eine Umverteilung von vermeintlich Reichen auf die Armen wurde von einigen favorisiert. Diese Einstellung kann zum einen als persönliche Auffassung interpretiert werden, zum anderen aber auch als sozialdemokratische oder sozialistische Einstellung, die je nach Elternhaus mitgeprägt werden. Erstaunlich ist, dass sehr viele eine Gleichverteilung favorisierten. Auch spiegelt sich der Einfluss des Elternhauses, da Kinder aus wirtschaftlich schwächeren Verhältnissen öfter für eine Umverteilung votieren als Kinder aus reichen Elternhäusern. Insgesamt zeig sich hier der sozioökonomische familiäre Hintergrund.

4.7 Antisemitismusbekämpfung, Frauenquote, Volksnähe, etc.

Nur wenige Befragten äußerten sich zur Frauenquote. Statistisch gesehen entspricht dies aber durchaus den Umfragen, da die Frauenquote erst für Frauen nach dem

Studium favorisiert wird, beziehungsweise mit dem Einstieg ins Berufsleben. Die meisten Befragten wünschten sich mehr Kontakt zur Politik oder mehr Dialog zu den verschiedenen Themen. Die Mehrzahl der Jugendlichen befindet, dass die Politik von Lobbyismus in irgendeiner Form geprägt ist, doch sie sehen darin kein größeres Problem. Die Aussagen darüber sind sehr abstrakt und wenig auf konkrete Probleme bezogen. Im Großen und Ganzen vertrauen sie aber der Politik und den Parteien, auch wenn sie sich nicht näher damit beschäftigen. Erstaunlich ist aber, dass bei den hier befragten Jugendlichen nur in Einzelfällen Verschwörungserzählungen vorkommen, was die Annahme der Jugendlichen ausschließt, dass Deutschland ein „Marionettenstaat" sei. Den Statistiken zufolge liegt die Quote der Verschwörungsgläubigen unter Jugendlichen höher als in dieser Befragung; sie liegt bei den 18–24jährigen bei 35 % (Statista 2020). Der Verschwörungsglaube kann ein Spiegel von elterlichen Gesprächen sein, was in diesen Umfragen hier hieße, dass die Jugendlichen dieser Umfrage aus Elternhäusern kommen, in denen dieser Glaube nicht relevant ist.

Indem jemand glaubt, dass Deutschland ein Marionettenstaat sei, geht sie/er auch davon aus, dass Deutschland von fremden Mächten oder gar von einem „Tiefen Staat" gelenkt wird, was eindeutig einem Narrativ von Verschwörungsideologen entspricht. Ein „Tiefer Staat" ist ein negativ konnotiertes politisches Schlagwort, das tatsächliche oder angebliche und illegale oder illegitime Machtstrukturen innerhalb eines Staates bezeichnet. Weitere Narrative wären zum Beispiel der Glaube daran, dass in Wirklichkeit Juden die Welt regieren, dass keine Demokratie existiert oder dass hinter den mächtigen Politikerinnen und Politiker dunkle Kräfte wirken. Dies zeugt nicht von Vertrauen, sondern eher davon, dass die Politik, aus Sicht einer/s Verschwörungsgläubigen, nicht sonderlich vertrauenswürdig ist. Letzteres ist ein Ausdruck davon, dass unsere Demokratie eigentlich nicht funktionieren würde.

4.8 Diskriminierung

In diesen Befragungen zeigte sich ein ausgeprägtes Bewusstsein über Diskriminierungen, wenn sie auch selten im persönlichen Umfeld vorkommen. Da die meisten der Befragten Einheimische sind oder schon lange hier in Deutschland leben, erfuhren sie selten Diskriminierung wegen der Sprache, des Aussehens, der Herkunft oder Religion, doch die meisten sind davon überzeugt, dass Diskriminierung für die Demokratie nicht gut sei. Es gab jedoch keine Lösungsideen dafür, was getan werden müsste, wenn jemand tatsächlich benachteiligt wird. Dies ist auch nicht so einfach, da manche Bevorzugungen der Zugewanderten für Einheimische bisweilen als Benachteiligung von Einheimischen betrachtet wird. Auch unklar blieb die Frage, wo Rassismus beginnt und was man konkret dagegen tun kann. Soweit ging jedoch die Befragung nicht.

4.9 Grundgesetz

Zwar besteht eine weitgehende Akzeptanz des Grundgesetzes, doch es bleibt bei vielen offen, was es tatsächlich bedeutet und wo es Schwierigkeiten beispielsweise mit der Umsetzung des Grundgesetzes gibt. Einige Jugendliche fanden, dass dieses Gesetz die Grundlage unseres Zusammenlebens ist. Der ein oder andere Jugendliche betonte auch, dass manche Paragraphen verändert werden sollten. Auch bezeichnend ist, dass vier Jugendliche das Grundgesetz nicht hinreichend kennen. Da der Unterricht in „Politik und Gesellschaft" erst in der 10. Klasse beginnt und auch nur eine Stunde pro Woche für den Unterricht vorgesehen ist, gibt es bei vielen Jugendlichen nicht hinreichende Kenntnisse des Grundgesetzes.

4.10 Direkte Demokratie

Bemerkenswert ist, wie oben genannt, dass die meisten der befragten Jugendlichen unter 18 Jahren gegen ein Wahlrecht ab 16 Jahren sind. Von 25 Jugendlichen wollten insgesamt nur drei Personen ein Wahlrecht ab 16 Jahren. Davon waren vier Jugendliche über 18 Jahre alt. Sie selbst begründen dies mit ihrer eigenen Unwissenheit, da sie erstens mit 16 Jahren noch nicht genügend Kenntnisse darüber in der Schule erlangen konnten und zweitens in diesem Alter leicht beeinflussbar seien und sowieso entweder das wählen, was die Eltern wählen oder alternativ die Partei wählen, die ihre Peer-Group favorisiert. Die meisten sind sich bewusst, dass sie zwischen elterlicher Ansicht oder Peergroup-Zugehörigkeit und deren Mode wählen würden, da sie noch keine eigene Urteilsfähigkeit besitzen, die erst noch in einem Prozess der politischen Bildung entwickelt werden müsste. Die Urteils- und Handlungsfähigkeit wird laut Lehrplan in allen Schultypen ab der 10. Klasse in der Schule gelehrt und ist ein Prozess über einige Jahre, die Schülerinnen und Schüler durchlaufen müssen, bevor sie zum Wählen vorbereitet wären. Hier müsste im Bildungssystem verstärkt und früher mit politischer Bildung begonnen werden. Ein weiteres Argument gegen die frühe Wahlberechtigung wäre die Beeinflussbarkeit von jungen Menschen. Bei den älteren Jugendlichen gab es dann Einzelne, die sich für eine Wahlberechtigung ab 16 Jahren äußerten. Im Unterschied zu den anderen über 84 % in dieser Befragung trauten sie den jüngeren Menschen die Urteilsfähigkeit zu, ohne dies weiter zu begründen. Die fehlende schulische politische Bildung scheint aber insgesamt ein großes Problem zu sein und sollte im Zusammenhang mit der Heruntersetzung des Wahlalters unbedingt vornean gestellt werden. Alleine die Tatsache wählen zu dürfen, fördert nicht die politische Bildung, und dies noch weniger im pubertären Alter. Die Vernachlässigung der politischen Bildung kann Radikalisierungen begünstigen.

Eine klare Mehrheit hatte aber den Wunsch, dass es mehr Volksabstimmungen geben sollte, woran der Wunsch nach mehr Mitsprache erkennbar ist; widersprüchlich hierzu ist das sehr geringe Engagement in politischen Parteien. Auch fehlt bei den meisten Jugendlichen ein Bewusstsein für die unzähligen möglichen Beteiligungsformen, die junge Menschen auch dann wahrnehmen können, wenn sie nicht wählen dürfen. So können sie durchaus in politischen Organisationen mitwirken, können Anträge an die politische Mandatsträgerinnen und Mandatsträger stellen, selbst ihre Wünsche beispielsweise in der Kommunalpolitik vorbringen oder sich in vielen weiteren Formen in der Politik einbringen.

4.11 Freiheit und Gleichheit

Zum Thema Freiheit ist nur der allgemeine Wunsch nach möglichst wenig Einschränkungen zu beobachten. Die meisten zeigen ein Bewusstsein darüber, dass die Freiheit da endet, wo andere Menschen verletzt werden oder wo die Rechte von anderen nicht beachtet werden.

Freiheit deuten alle als das, was ihnen selbst Möglichkeiten schafft. Selten wurde davon gesprochen, dass diese Möglichkeiten nur existieren, weil wir Rücksicht nehmen und weil wir Verpflichtungen eingehen. Jede Freiheit benötigt bedeutet auch Verpflichtung; man kann nur Freiheit genießen, wenn es Regeln gibt, die man einhalten muss. Man spricht in diesem Zusammenhang auch von positiver oder negativer Freiheit. Negative Freiheit bezeichnet die Freiheit von Verpflichtungen, als die „Freiheit von" etwas. Positive Freiheit ist die „Freiheit zu" etwas, also die Willens- und Handlungsfreiheit. Beide Freiheiten sind voneinander abhängig. Ohne beide Formen von Freiheit wahrzunehmen, kann es keine solche geben. Die Freiheit in einer Demokratie zu leben, kann demnach nur möglich sein, wenn die demokratischen Prinzipien wie zum Beispiel Menschenrechte oder Menschenwürde respektiert und beachtet werden.

4.12 Gerechtigkeit

Anhand der Verteilungsfragen in den Intervies wurde festgestellt, dass die Einstellungen zur Gerechtigkeit die pluralistischen Einstellungen zur Demokratie sich auch bei jungen Menschen widerspiegeln. Alle diese Auffassungen bewegen sich im Rahmen der Demokratie. Nur eine Person meint, dass jemand nichts erhalten sollte und niemand befindet, dass jemand nach Religion oder Stand mehr bekommen sollte. Die meisten würden beim Essen alles gleich verteilen, aber bei den Gehältern nach Leistung unterscheiden. Beim Behinderten zögerten einige und wollen bisweilen dem Behinderten das Gleiche geben wie dem, der arbeitet, oder einmal sogar mehr, da er mehr Hilfe benötigt, die Geld kostet. Bis auf eine Person suchen alle ein Gleichgewicht zwischen Leistung und Wohlfahrt, auch wenn sich die Vorstellungen davon in der konkreten Ausführung unterscheiden. Dies zeigt eher eine Nähe zur wohlfahrtsstaatlichen Demokratie, denn in einer solchen werden grundsätzlich alle Menschen in Notsituationen aufgefangen.

4.13 Medien

Hier erstaunt die Reflektiertheit der Jugendlichen. Den meisten ist bewusst, dass die herkömmlichen Medien stärkerer Kontrolle unterliegen und wissen daher, dass diese oft seriöserer sind als die Informationen, die sie auf irgendwelchen Plattformen im Internet oder in den Social Media finden. Demgegenüber steht jedoch der Zeitaufwand, den junge Menschen in den Sozialen Medien täglich verbringen. Das Bewusstsein über die Gefahr von Social Media scheint im täglichen Leben keine Auswirkungen zu haben. Laut Statista liegt die durchschnittliche Internet-Zeit eines Jugendlichen im Jahr 2022 bei 204 Minuten pro Tag in Deutschland. Zehn Jahre zuvor lag dieser Wert noch bei 138 Minuten. Den größten Teil der Nutzung nehmen heute die Social Media ein (Statista 2022, 4). Hier ist unter anderem auch das zunehmende Suchtverhalten der Jugendlichen im Umgang mit Social Media zu nennen.

4.14 Verfassungsstaat

Die Kenntnisse zum Verfassungsstaat sind sehr unterschiedlich ausgeprägt, doch die meisten der Jugendlichen haben eine Vorstellung davon und gehen von einer demokratischen Verfasstheit aus. Der Gedanke, dass es Gesetze gibt, die die Menschen zuverlässig schützen, finden die meisten jungen Menschen beruhigend und eine Grundlage sowie ein Resultat der Demokratie. Hier sieht man ein gewisses Selbstverständnis der Existenz der Demokratie. Die Unzufriedenheit mit der Demokratie, die derzeit in vielen Studien belegt werden, beispielsweise auch in der Brunswick-Studie (2022), konnte in dieser qualitativen Stichprobenanalyse nicht bestätigt werden.

4.15 Volkssouveränität

Auch wenn viele Jugendliche vielfach nicht zuverlässig wissen, was Volkssouveränität ist, so haben sie doch eine ungefähre Vorstellung davon. Die meisten meinten schon, dass Volkssouverenität damit zu tun hat, dass die Menschen, die in einem Land leben, über dessen Regierung auch bestimmen können. Viele Jugendliche sind sich sogar der Verantwortung bewusst, die dies mit sich bringt. Nur wenige Befragte nannten den Wunsch nach mehr Beteiligung in Form von Volksabstimmungen.

4.16 Vertrauen in die Institutionen

In diesen Interviews gibt es zwar an vielen Stellen Kenntnislücken, die die Schule in größerem Maße möglicherweise schließen sollte, doch es liegt kein größeres Misstrauen gegenüber den Institutionen unserer Demokratie vor. Im Gegenteil; viele Befragte sind davon überzeugt, dass die Politiker die Probleme schon regeln. Daraus kann man schließen, dass der Großteil der Befragten ein großes Vertrauen in die Politik hat. Auch hier ist eine Diskrepanz zu vielen Studien zu beobachten, denen zufolge das Vertrauen in die Institutionen sinkt (beispielsweise Brunswick 2022).

4.17 Regierung und Parteien

Die Stichprobenbefragung, die hier vorgenommen wurde, kommt in vielen Belangen der Lage in der Bundesregierung beziehungsweise insbesondere in Bayern sehr nahe. Forscher haben festgestellt, dass vier von zehn Jugendlichen nicht davon überzeugt sind, dass Menschen gute Absichten hätten und somit auch oder gerade die Institutionen, in denen Politikerinnen und Poltiker arbeiten, diese guten Absichten ebenfalls nicht haben können. Auch Parteien schneiden hinsichtlich des Vertrauens nicht besonders gut ab. Dies zeigt neben vielen Umfragen von Statista auch die Brunswick-Studie (2022). In der vorliegenden Umfrage ist das Vertrauen in die Parteien und in Politikerinnen und Politiker nur wenig größer als in den genannten Studien.

Die Frage ist, welche Ereignisse führen dazu, dass das Vertrauen von Jugendlichen in die Regierung und in die Parteien erschüttert wird. Schließlich ist das Vertrauen in Wissenschaftler oder die Polizei erheblich größer.

Erschreckend oder auch einfach erwähnenswert ist, dass junge Menschen zwar engagierter sind als noch vor ein paar Jahren, aber mehrheitlich mit der derzeitigen Politik unzufriedener sind als noch vor ein paar Jahren. Laut der Studie der Generationen-Stiftung fühlen sich junge Menschen mehrheitlich ignoriert (Generationenstudie 2022). Möglicherweise hat dies unter anderem mit der Corona-Pandemie zu tun, denn seither ist die Zahl der Jugendlichen, die an Verschwörungserzählungen glauben, erheblich gestiegen. Dies spiegelt sich auch in den hier vorliegenden Umfragen wider.

4.18 Einfluss auf die Politik üben

Viele Jugendliche sehen die einzig mögliche Form der Teilhabe bei den Wahlen. Das Interesse an einer Mitarbeit in irgendwelchen politischen Gremien, in die auch Jugendliche gewählt werden können, oder die Mitarbeit in Parteien stößt bei Jugendlichen nicht auf besonderes Interesse, obwohl gerade diese viele Möglichkeiten der direkten Beteiligung an politischen Entscheidungen bietet. Diskussionsrunden und Teilhabe durch Parlamente sind hingegen sehr gefragt. Wenn es um konkrete Anliegen geht, bei denen Jugendliche konkrete Ergebnisse sehen, dann entwickeln sie ein Interesse sich politisch zu engagieren. Insgesamt wünschen sich junge Menschen, dass Politikerinnen und Politiker sich mehr zeigen, und sie finden, dass mehr Informationen an sie herangetragen werden sollten. Hierzu gehört auch der Wunsch nach mehr Sozialkundeunterricht, ein Unterricht, der seit dem Schuljahr 2022/23 in allen Schultypen „Politik und Gesellschaft" genannt wird. Insgesamt wollen die meisten jungen Menschen stärker in die Politik eingebunden werden.

Insgesamt ist zu bedenken, dass die hier befragten Jugendlichen tendenziell eher zum interessierten Teil der Gesellschaft gehören. Dies zeigt sich bereits am Interesse bei dieser Umfrage teilzunehmen. Auch haben wir hinsichtlich des Anteils der Zugewanderten keine die Gesellschaft abbildende Quote erhalten, was natürlich in einer Stichprobenanalyse immer ein unmögliches Unterfangen ist. Trotzdem wurde herausgefunden, dass die Jugendlichen, trotz des bisweilen geringen Vertrauens in unsere Demokratie in der BRD und deren Institutionen, ein großes Interesse an Mitbestimmung und Beteiligung haben. Überall drang auch der Umstand durch, dass es in Bayern die politische Bildung erst ab der 10. Klasse gibt. Dass dies für Wahlen ab

16 Jahren zu spät ist, liegt auf der Hand. Die Schule ist der einzige Ort, an dem alle Jugendliche in Bayern beziehungsweise der Bundesrepublik Deutschlands erreicht werden können.

Priv.-Doz. Dr. KARIN B. SCHNEBEL

5. Die ideale Demokratie

Die jungen Menschen, die hier befragt wurden, haben die Demokratie gelobt, haben sie kritisiert und haben bisweilen erklärt, wie man es punktuell besser machen könnte. Letztendlich kamen die Jugendliche zum Ergebnis, dass es ein großes Glück ist, in einer Demokratie leben zu können. Zwar ließe sich an verschiedenen Stellen noch etwas verbessern, aber insgesamt sind die meisten sehr zufrieden. Anzumerken ist, dass die Befragungen mit aufgeschlossenen Jugendlichen durchgeführt wurden, was diese konstruktiven Antworten erklärt.

Nun wird derzeit die Demokratie von Krisen gerüttelt und auch mit zunehmender Tendenz in Frage gestellt. Dies bekamen wir in den letzten Jahren besonders zu spüren. Daher bleibt offen, wie wir die Demokratie wehrhafter machen können. Bisweilen wird der Ruf nach mehr direktdemokratischen Verfahren laut, was überlegenswert erscheint, um radikalen Tendenzen entgegenzutreten.

Vielleicht ist der Versuch schon mühsam, sich zu überlegen, wie wir uns konkret eine ideale Demokratie vorstellen. Es liegt auf der Hand, dass eine solche nicht existieren kann, doch ist es für die Identifikation der Gesellschaft mit dem Land, indem sie leben, stets erforderlich, dass darüber immer wieder debattiert und nach der besten Form der Demokratie gesucht wird. Damit wird auch daran erinnert, dass die Freiheit, die wir besitzen, nur in einer funktionierenden Demokratie zu haben ist.

Auch hier haben wir gesehen, dass auf die Frage, was das Wichtigste an der Demokratie ist, meist damit beantwortet wird, dass es die Meinungsfreiheit wäre, die eine Demokratie ausmacht und sogar eine Messlatte dafür ist, ob ein Land eine tatsächliche Demokratie besitzt. Aber was ist nun wirklich wichtig für eine funktionierende Demokratie?

Wissenschaftlerinnen und Wissenschaftlicher der politischen Bildung schlagen als Messlatte vor, folgendes zu entwickeln; sie meinen der Beutelsbacher Konsens, der 1976 im gleichnamigen Ort konzipiert wurde, würde die Gesellschaft demokratiefähiger machen (vgl. Schiele; Schneider 1977, S.178 ff.). Der Beutelsbacher Konsens legt drei Prinzipien für den Politikunterricht fest, die junge Menschen zur Demokratie erziehen sollen.

Dies ist erstens das Überwältigungsverbot. Demnach dürfen Lehrkräfte aller Art, den Schülerinnen und Schüler nicht ihre Meinung aufzwingen, sondern sollen diese in die Lage versetzen, sich mit Hilfe des Unterrichts und den entsprechenden Reflexionen eine eigene Meinung zu bilden. Schülerinnen und Schüler sollen zu mündigen Bürgerinnen und Bürgern werden.

Das zweite Prinzip ist das Gebot der Kontroversität. Dieses will ebenfalls den Schülerinnen und Schüler freie Meinungsfreiheit zu ermöglichen. Lehrende sind demnach verpflichtet ein Thema kontrovers darzustellen und zu diskutieren. Die eigene Meinung der Lehrkraft und deren politischen wie theoretischen Standpunkte sind dabei für den Unterricht unerheblich und dürfen nicht zur Überwältigung der Schüler eingesetzt werden. Das heißt, die Lehrkraft braucht zwar nicht neutral sein, aber im Unterricht sollte sie ihre Meinung zurückhalten, damit die Kontroversität in der Unterrichtsdiskussion nicht abgebremst werden würde.

Das dritte Prinzip ist das der Schülerinnen- und Schülerorientierung. Demnach sollen diese imstande sein, politische Situationen zu analysieren und sich aktiv am politischen Prozess zu beteiligen. Schülerinnen und Schüler sollen urteilsfähig und handlungsfähig werden.

Wenn diese drei Prinzipien vertieft eingeübt werden, steigt eine kritische Loyalität zu allen gesellschaftlichen Akteuren und Institutionen. Politische Partizipation, Integration und Verteidigung demokratischer Errungenschaften sind hier wichtige Ziele.

Demokratie schafft positive Lebensbedingungen und daher sind auch Didaktikerinnen und Didaktiker, Pädagoginnen und Pädagogen, Erzieherinnen und Erzieher und Psychologinnen und Psychologen in der Regel mit in der Gruppe derer, die die Demokratie stärken wollen und sollen, und aus diesem Grund über Demokratie und deren Bedeutung nachdenken. Doch wie stärkten die Politikwissenschaften die Demokratie?

Politikwissenschaft und Demokratieförderung

Politikwissenschaftlerinnen und Politikwissenschaftler hingegen versuchen die Demokratie zu beurteilen und quantifizieren. Konkret untersuchen sie, wie politische Entscheidungen getroffen werden und welche Auswirkungen sie haben. Dies kann auch normtaiv-qualitativ geschehen. Sie berufen sich auf theoretisch konzipierte Demokratietheorien, die die Lage der Gesellschaft bereits beschreiben, aber aufgrund ihrer Normativität, die nicht zuletzt auf Beobachtung beruht, wenig evaluierbares Material liefern. Die Beobachtung aber ist relevant, denn dadurch können Tendenzen wahrgenommen und entsprechend entgegengewirkt werden.

So ist gerade auch in der Politikwissenschaft die stete Debatte um die Demokratie neu entfacht, zumal klar wurde, dass die Demokratie nicht das ist, was alle früher oder später anstreben, wie man es in den 1990er Jahren glaubte, sondern im Gegenteil immer mehr Staaten zunehmend in eine Negativspirale geraten.

Dies führt zu Höhenflügen in der Entstehung demokratietheoretischen Konzeptionen, die immer komplexere Ausprägungen erhalten. Die Diskussionen drehen sich dabei um unterschiedliche Merkmale, um Dynamiken, Organisationsformen oder auch darum, was der Umsetzung der Demokratie im Wege steht oder stehen kann. Der Hintergrund dabei bilden Gerechtigkeitsvorstellungen, die in der Konkretisierung die spezielle demokratische Konzeption definieren.

Die entstehenden Konzeptionen richten sich nach den kulturellen Ausprägungen, den historischen oder nationalen Eigenheiten der/s jeweiligen Autorin oder Autors oder auch der Ableitung historischer Ereignisse. Auch haben die Autorinnen und Autoren unterschiedliche Erkenntnisinteressen oder Haltungen, die auch beim Versuch größtmöglicher Neutralität nicht vollständig zurückgehalten werden können.

Für diese Arbeit hier ist nun relevant zu betrachten, wie sich die Bundesrepublik entwickelt hat, da sich zum einen viele Jugendliche zwar für Demokratie interessieren, gleichermaßen sich aber wenig politisch engagieren. Dieser Umfrage zufolge ist keine allgemeine Verdrossenheit zu vermerken, sondern eher individuelle Wünsche der Jugendlichen, die es schwierig machen beispielsweise einer Partei beizutreten. Ist es die Individualisierung, die zu einer Haltung führt, derzufolge Jugendliche nur noch bereit sind Parteien oder auch Entscheidungen mitzutragen, wenn sie in allen Punkten übereinstimmen? Es scheint, das repräsentative Übertragungsmechanismen stärker in Frage gestellt werden.

Welche Antworten geben hierfür demokratietheoretische Sichtweisen? Welche Macht haben zivilgesellschaftliche Aktivitäten auf politische Entscheidungsprozesse? Dies kann hier zwar nicht hinreichend analysiert werden, doch verschiedene Prinzipien einer Demokratie können ein wenig Aufschluss geben:

Die **erste** Dimension meint das Prinzip der Volkssouveränität, deren Umsetzung eine Meinungsfreiheit voraussetzt. Damit ist die staatliche Machtausübung an den Volkswillen gekoppelt oder radikaldemokratisch formuliert. Da die Gesellschaften aber sehr vielschichtig und außerdem heterogen sind, ist eine Umsetzung der Volkssouveränität schwierig oder zumindest anspruchsvoll. Direktdemokratische Entscheidungen können zwar ein Ziel sein, doch in der Praxis sind institutionalisierte Verfahren und Akteure vonnöten. Formen der parlamentarischen Repräsentation werden gebraucht, um diese Selbstregierung zu organisieren. Es sind Verfahren vonnöten, um Demokratie in diesem Sinne umzusetzen.

Eine **zweite** Dimension der Demokratie ist die Gewaltenteilung. Hierbei geht es um eine Demokratie zwischen den politischen Handlungsebenen, wie Zentralstaat, Länder oder Kommunen. Im Vordergrund steht jedoch die Trennung zwischen der gesetzgebenden Gewalt, also dem Parlament, der ausführenden Gewalt, also der Regierung, Verwaltung oder der Polizei und der rechtsprechenden Gewalt, womit das Justizwesen gemeint ist. Dies ist ein wesentliches Merkmal der Demokratie, denn nur durch sie kann durch die wechselseitigen Kontrollen der Missbrauch politischer Macht verhindert werden.

Eine **dritte** Dimension in Demokratien, die diesen Namen tragen dürfen, wäre die Rechtsstaatlichkeit. Ohne eine solche könnten Regierung oder Verwaltung willkürlich handeln. Doch die Gesetze in einer Demokratie müssen derart zuverlässig sein, dass Regierung und Verwaltung nur im Rahmen bestehender Gesetze handeln dürfen. Somit sind alle vor staatlicher Willkür, Diskriminierung und Menschenrechtsverletzungen geschützt. Eine logische Folge aus dieser Dimension ist, dass

Richterinnen und Richter nur entsprechend dieser Gesetze Entscheidungen treffen können und daher auch politisch neutral sein müssen.

Eine **vierte** Dimension ist das Recht auf Opposition. Das klingt zunächst selbstverständlich, doch in Anbetracht der vielen Demokratien, die schon deswegen keine solche sind, weil sie keine Opposition haben, also kein Korrektiv oder Gegenstimme vor allzu einseitigen Sichtweisen, sehe ich das Recht auf Opposition fundamental für eine Demokratie, denn diese lebt von Kontroversität und vom Finden gemeinsamer Lösungen aus unterschiedlichen Auffassungen.

Die **fünfte** Dimension der Demokratie besteht in der notwendigen permanenten zivilgesellschaftlichen Revitalisierung. Dies soll das Urteilsvermögen stärken, die Kritik und gleichzeitig den Respekt vor anderen Meinungen schärfen und die Bedeutung der gesellschaftlichen Akteure bewusstwerden lassen. Ziel ist nicht zuletzt politische Partizipation, Integration und Verteidigung demokratischer Errungenschaften.

Als **sechste** Dimension kann die wirtschaftsdemokratische Partizipation genannt werden. Hierin besteht folgende Herausforderung: Zum einen sind der freie Markt und das Eigentum eine Voraussetzung für die Demokratie, zum anderen aber begünstigt eben dies auch ungleiche Verteilung von Reichtum und Macht. Um diese Ungleichheiten abzumildern gibt es in der Bundesrepublik wohlfahrtsstaatliche Elemente wie die sozialen Sicherungssysteme, öffentliche Dienstleistungen, wie Schule oder öffentliche Verkehrsmittel oder auch Mitspracherechte der Beschäftigten.

Als **siebte** und letzte Dimension kann diejenige der Religion beziehungsweise der Kirchen genannt werden. Der ursprünglich mehrheitlich bikonfessionell geordneten Gesellschaft zusammen mit dem Zivilisationsbruch des Dritten Reiches hat es ermöglicht, dass eine Demokratie nach heutigem Zuschnitt zustande kommen konnte (vgl. Schnebel 2021), seit über 70 Jahren kein Krieg erfuhr und bislang imstande ist, die Krisen zu bewältigen. Durch die Migration hat sich einiges verändert, was nun zu neuen Herausforderungen führt.

Klar ist, dass diese Dimensionen allesamt unterschiedlich interpretiert und gewichtet werden können. Wenn dies nun vereinfacht wird, dann lassen sich zwei Konzeptionen herausarbeiten: Erstens ein Verständnis von Demokratie, welches durch repräsentative oder einfach nur funktionale Wahl gekennzeichnet ist und viel Inaktivität zulässt. Im Gegenzug hierzu verstehen andere Konzeptionen Demokratie als „Lebensform", in der auch die Zivilgesellschaft ebenso wie eine politisch selbstbestimmte Lebensführung mit in den Blick gebracht wird.

Derzeit ist auch die Diskussion über die verstärkte Implementierung von direktdemokratischen Formen wieder neu entfacht. Viele fragen sich, ob die repräsentativen Übertragungsmechanismen unserer parlamentarischen Demokratie noch zeitgemäß sind, oder ob und welche Reformen aufgrund der derzeitigen Lage, geboten wären (vgl. Sommer 2022).

Diese Auseinandersetzung wird derzeit geführt, wenn es um die vielfach gestellte Frage geht, wieviele gemeinsame Werte zwischen den Bürgerinnen und Bürger in der Bundesrepublik Deutschland vonnöten sind, um eine Demokratie funktionsfähig zu belassen (vgl. Schnebel 2019). Denn die Demokratie ist kein definitiver Schutz gegen alles, was kommen mag. Eine Welt ohne Demokratie wäre eine Welt ohne Möglichkeiten der politischen Auseinandersetzungen für die Bürgerinnen und Bürger und damit eine Welt mit wenig Interesse für die Gesellschaft, in der wir leben. Die Folgen davon wären überdies eine Einschränkung der Meinungsfreiheit, eine willkürliche Justiz und viele Formen der Unterdrückung. Das Interesse an der Mitgestaltung des öffentlichen Lebens oder am Engagement für andere würde zerfallen. In autoritären Regimes ist die Kontrolle in allen Lebensbereichen; Angst, Zwang, Kontrolle und Gewalt sind an der Tagesordnung. Ein Rückzug ins Private und die Entpolitisierung der Gesellschaft sind bei einer solchen Regierung eine nötige Konsequenz. Die Komplexität der menschlichen Lebensweisen würde keine Beachtung finden und Revolutionen scheinen für viele der einzige Ausweg zu sein. Können wir das wollen?

Hier soll daran erinnert werden, dass die Demokratie, so wie sie in der Bundesrepublik gelebt wird, ein kleines Wunder ist, welches es zu pflegen gilt. Es gibt zwar viele Probleme und Krisen, aber auch immer wieder die Überwindung davon. Es geht weiter in und mit der Demokratie und wir hoffen, dass eben dies auch das ist, was die Zukunft für uns bereithält.

Literatur

Brunswick (2022): https://www.wertebuendnis-bayern.de/wp-content/uploads/2022/07/Werte-atlas-Bayern_Ergebnisse-2_Wertestudie.pdf. Abgerufen am 29.07.2022.

BMI (2022): In: Bundesministerium des Inneren und für Heimat: Reichsbürger und Selbstverwalter – eine zunehmende Gefahr. Aus: https://www.bmi.bund.de/SharedDocs/topthemen/DE/topthema-reichsbuerger/topthema-reichsbuerger.html. Abgerufen am 23.12.2022.

Dreier, Horst (2018): Vom Schwinden der Demokratie. In: Graf, Friedrich Wilhelm; Meier, Heinrich (Hrsg.): Die Zukunft der Demokratie. Verlag C.H. Beck, München. S. 29–57.

Generationenstudie (2022): In: Umfrage vor der Bundestagswahl: Jugendliche sind unzufrieden (weser-kurier.de). Abgerufen am 16.12.2022.

Heidenreich, Felix (2022): Demokratie als Zumutung. Verlag Klett-Cotta, Stuttgart.

Levitsky, Steven; Ziblatt, Daniel (2018): Wie Demokratien sterben. Deutsche Verlagsanstalt, München.

Manow, Philip (2020): (Ent-)Demokratisierung der Demokratie. Edition Suhrkamp, Berlin.

Münkler, Herfried (2018): Verkleinern und Entschleunigen oder die Partizipationsformen neu arrangieren? In: Graf, Friedrich Wilhelm; Meier, Heinrich (Hrsg.): Die Zukunft der Demokratie. Verlag C.H. Beck, München. S. 83–103.

Przeworski, Adam (2021): Krisen der Demokratie. Edition Suhrkamp, Berlin 2021 (2. Aufl).

Rias (2021): Das muss man auch mal ganz klar benennen dürfen. In: Verschwörungsdenken und Antisemitismus im Kontext von Corona, Bayern Monitoring der Recherche- und Informationsstelle Antisemitismus Bayern (RIAS Bayern) (Hrsg.). S. 35.

Richter, Hedwig (2020): Demokratie. Eine deutsche Affäre. Verlag C.H. Beck, München.

Schiele, Siegfried; Schneider, Herbert (Hrsg.): Das Konsensproblem in der politischen Bildung, Stuttgart 1977, S. 173–184.

Schnebel, Karin (Hrsg.) (2021): Religionen und Moderne. Ein Widerspruch. Schneiderverlag, Baltmannsweiler. Band 2.

Dies. (Hrsg.) (2019): Selbstbestimmung und Integration. Wie wir unsere Gesellschaft zusammenhalten. Schneiderverlag, Baltmannsweiler. Band 1.

Sommer, Andreas Urs (2022): Eine Demokratie für das 21. Jahrhundert. Herder Verlag, Freiburg.

Statista (2020): Haben Sie schon einmal geglaubt, dass an einem Verschwörungsmythos etwas dran ist? In: https://de.statista.com/statistik/daten/studie/1181801/umfrage/glauben-an-verschwoerungsmythen-nach-alter/. Abgerufen am 21.02.2023.

Statista (2022): Migration und Integration. In: https://www.destatis.de/DE/Themen/Gesellschaft-Umwelt/Bevoelkerung/Migration-Integration/_inhalt.html. Abgerufen am 12.01.2022.

Statista (2022, 1): In: https://de.statista.com/statistik/daten/studie/1102559/umfrage/anzahl-der-laender-mit-einer-demokratischen-regierungsform/. Abgerufen am 20.07.2022.

Statista (2022, 2): https://de.statista.com/statistik/daten/studie/72188/umfrage/entwicklung-der-armutsgefaehrdungsquote-in-deutschland/. Abgerufen am 22.07.2022.

Statista (2022, 3): In: https://de.statista.com/statistik/daten/studie/1340304/umfrage/gesellschaftliches-engagement-junger-menschen/#:~:text=Umfrage%20zum%20gesellschaftlichen%20Engagement%20von, 25%2DJ%C3%A4hrigen%20in%20Deutschland%202020&text=Rund%2037%20Prozent%20der%20befragten,einer%20Gewerkschaft%20rund%20drei%20Prozent. Abgerufen am 06.12.2022.

Statista (2022, 4): In: Statistiken zur Mediennutzung von Jugendlichen. Abgerufen am 12.12.2022.

Statista (2022, 5): In: https://de.statista.com/statistik/daten/studie/827088/umfrage/umfrage-in-deutschland-zum-informationsinteresse-an-politik-nach-geschlecht/. Abgerufen am 23.12.2022.

Tafel 2022: Zahlen und Fakten. In: https://www.tafel-bayern.de/tafel-bayern/zahlen-fakten/. Abgerufen am 27.11.2022.

Tezcan, Levent (2011): Konzeptionelle Überlegungen zur Gegenwartsgeschichte des Verhältnisses zwischen Christentum und Islam in Deutschland. In: Pickel, Gert; Sammet, Kornelia (Hrsg.): Religion und Religiosität im vereinigten Deutschland. VS Verlag. Wiesbaden. S. 293–310.

Verfassungsschutzbericht (2021). In: https://www.bmi.bund.de/SharedDocs/downloads/DE/publikationen/themen/sicherheit/vsb-2021-gesamt.pdf?__blob=publicationFile&v=4. Abgerufen am 1.8.2022.

Weck, Roger de (2021): Die Kraft der Demokratie – Eine Antwort auf die autoritären Reaktionäre. Edition Suhrkamp, Berlin.

Link zu den Transkriptionen der Originalinterviews:

https://gimuenchen.de/transkriptebefragung
Passwort: Demokratie_GIM_2.1